日々のわずかな時間で子供のことばの力を育てる

学校や家庭でカンタンに実践できるお天気メソッド

国立特別支援教育総合研究所
山本 晃　著

まえがき

国立特別支援教育総合研究所に赴任する前に勤めていた中学校・特別支援学校（聴覚障害）での約 30 年間、そして研究所に勤めてからの８年間、多くのことを子供たち、先輩の先生方、保護者の方から学びました。子供たちからは子供自身の力、保護者の関わり、教員の関わりによって、子供が確実に心やことばの力を成長させていくことを学びました。聴覚障害教育に関わる先輩の先生方からは、子供たちの実態に合った心やことばの指導の大切さを学びました。そのことは、障害のない通常の学級の子供たちにも同じことが言えます。

この冊子でご紹介させていただく**“お天気メソッド”**は、特別支援学校（聴覚障害）で以前より大切にされてきた、身近な題材を教材にするといったことを踏まえた日本語指導の方法の一つです。ある時、お天気の話を朝の会で扱ったことがきっかけになり続けてきたもので、子供たちが天気の話に少しでも興味を持つようであれば、一つの有効な日本語獲得の方法になるかもしれません。このことは、特別支援学校のみならず、幼稚園や保育園、子ども園、小学校、中学校等、また外国につながりのある子供の教育でも活用できるものとなると考えます。

毎日、ちょっとした朝の会や休み時間等の語り掛けでできるこの方法、ぜひお試しください。

国立特別支援教育総合研究所上席総括研究員　山本　晃

目次

第3章 お天気メソッドの実践 四季編

第4章 楽しみながらことばの力がつく教材 すぐにコピーをして使えます！

第5章 教科指導・自立指導・親子の会話事例

「お天気メソッド」とは

普段何気なく見ている天気予報を、お天気を知るという観点ではなく、お天気キャスターの話す**日本語に着目してみると、多くの生活に密着した日本語が使用されている**ことに気が付きます。

これらの日本語は、教科書に出てこないことばもありますが、子供たちにぜひ教えたい、知ってほしいことばということがよくあります。

例えば**真夏の暑さの表現**一つを取ってみても、ただ

「今日はとても暑くなります。」

とだけ言うのではなく、天気予報に着目すると、次のような話をされています。

「**空気がじとじとまとわりついてくるような暑さ**になりそうです。」

「**うだるような暑さ**になりそうです。」

「**体にこたえる暑さ**です。」

「日ざしが**じりじりと照りつけそう**です。」

「各地で**逃げ場のない暑さ**がつづいています。」

等様々な生活に密着した日本語が使用されています。

このような**日本語をあらためて意識**し、日常生活で使っていくことで、**言語環境が豊かになり、ことばも増え、言語感覚が磨かれることに繋がります。**

また、天気予報の話からイメージする絵を描くことで、**季節感や感性を鍛える**こともできます。

例えば
「強い風が吹きます。洗濯物はしっかりとめるようにしましょう。」
という話からイメージする絵を描く場合、
洗濯ばさみで洗濯物をしっかりとめているか

洗濯物が大きく揺れているか
洗濯物を干している人が女性であれば、髪の毛がなびいているか
スカートがあおられているか
などといったことを絵を描き終わった後、話をすることで、「とめる」「ゆれる」「なびく」「あおる」等の日本語も学ぶことができます。

また、天気予報の話には、雨の降り方や風の吹き方を具体的に伝える場合もあります。

A局の天気予報

きょうは、大雨で強風になるでしょう。

B局の天気予報

きょうは、かさを強くたたきつけるようなどしゃぶりで、かさのほねがおれるような強い風がふくでしょう。

子供たちには、下の話のように、具体的な表現ができるような言語力を育てたいですよね。

まず、お子さんと一緒にやってみましょう❶

お天気メソッドでは、単にことばの意味を知っているか知らないかだけではなく、天気予報の話からいくつかのキーワードをもとに、状況を考える活動もできます。このことは、感性を育てることにも繋がると思います。

解説

キーワードは、「こうようがはじまりました」と「いろづきはじめました」になります。つまり、紅葉が始まったばかりということです。一気に真っ赤や真っ黄色になるのではなく、緑色の部分が多い葉っぱで、赤や黄色になり始めたところが少しあるというイメージができるかというところです。

すぐにコピーをして使えます!

問題

つぎの　おはなしを　よんで、えに　いろを　ぬりましょう。

あきになり、はっぱの　こうようが
はじまりました。はっぱも　いろづき
はじめました。

まず、お子さんと一緒にやってみましょう❷

また、一つのことばにはいくつもの意味があるということを、お天気メソッドで知るきっかけにもなります。まず、次のページの問題をやってみてください。

問題

つぎの　おはなしを　よんで、それは　どういうことなのかを　①から⑤の　なかから　えらんで、○を　つけて　ください。

ずっと　あめの　ひが　つづいて　いましたが、きょうは　いい　おてんきです。せんたくものを　かたづける　チャンスでしょう。

① いいおてんきだから、ほしてあるせんたくものを、へやのなかにいれるのにいい。
② いいおてんきだから、あらってかわいたせんたくものをタンスにしまうのにいい。
③ いいおてんきだから、せんたくものをたたむのにいい。
④ いいおてんきだから、たまったせんたくものを、あらうのにいい。
⑤ いいおてんきだから、いらないせんたくものをすてるのにいい。

解説

右の問題の答えは、④ですが、子供たちの中には、一つのことばには、一つの意味しかないと思い込み、「片づける」＝しまうという意味に捉え、①や②や⑤と答えるような子供さんもいます。

「片づける」にはこのほかにも、「嫁がせた」「（物騒な意味ですが）人を消す」のような意味もあります。


場面によって意味合いが異なることも、天気予報の話から知ることもできるでしょう。

このように天気予報を、ただその日の天気を知るためだけではなく、**使われている日本語にちょっと着目し、子供とのやりとりに使うことによって、自然と子供たちの日本語の力を高めていくことに繋がる可能性があります。**

本書は、このような天気予報の話を学校生活、家庭生活で、ちょっと使ってみることにより、子供のことばの力を伸ばす具体的な方法について述べていきます。

第1章

お天気メソッドの事前準備

　忙しい学校で、教科指導以外の時間はなかなか取りにくいというのが、実情であると思います。しかし、お天気メソッドは、家庭においても朝の隙間時間（ご飯を食べながら･着替えながら）を使うことにより、準備をすることが可能だと思います。この章に書いてあることをすべてやらなければならないのではなく、一言（「つきぬけるような青空だね！」「午後はお天気がくずれるようだよ。」）など、朝の会で言うだけの準備だけでもかまいません。気軽に準備していただければと思います。

① まず、子供の実態を考えましょう

なんでもそうですが、いろいろな指導法があり、それをただやるだけでは、子供にとって良い指導となるとは限りません。まずは、担当しているお子さん、または保護者の方でしたら、子供は**どんな実態であるのかを、まず把握する必要があります。**例えばですが…

- たくさんお話はするけれども、同じようなことばばかり使っている。
  （感情語について言えば、なんでもかんでも「うれしい」「たのしい」ばかり使っていて、感情を表すことばの語彙が少ない。日記に同じようなことばばかり使っているとか・・・）
- 国語の教科書の学習には、苦手意識があって、受け身的な学習が多いが、日常生活に関わるやりとりは、比較的主体的にできる。
- 長い時間の座学は受身的であるが、短い時間のやりとりは活発にできる。
- 副詞をあまり使わないで、話したり書いたりする。

（副詞は、動詞や形容詞、形容動詞を修飾し、詳しくすることば。「なかなか」「もうすぐ」「すごく」「かなり」等のことばであり、文章や話を詳しくします。）

2 朝、子供の実態を頭に入れ、天気予報をよく見ましょう

担当しているお子さんの実態を考えながら、天気予報を見ましょう。

もちろん朝の忙しいときなので、何かをしながらでOKです。

そして、要点のメモ取りを行いましょう。

メモの取り方は、なんでもかまいません。

下のようなメモはその一例です。

お天気メソッド　準備メモ　フォーマット

（　）月（　）日（　）曜日　お天気メソッド準備メモ

○どんな天気なのか？

○気温はどれくらいか？

○だからどんな服装や持ち物がいいか？どうすればいいか？

○身近な話題は？

要点のメモ例

観点	要点のメモ例
その日の天気（経時的な天気の変化も記載）	晴天 朝の内から強い日ざしが照り付ける 夕方にかけて次第に雲が増える
気温	34度くらいまで上がる
関連する服装等	風通しの良い服装がいい
関連する日常生活	洗濯日和 エアコンも使い暑さをしのぎましょう
関連する季節・自然・食べ物	海の日らしい天気 かき氷が欲しくなる日

天気予報を見て、どんなことでもかまいません。

●どんな天気なのか？

例　雲一つない青空が広がる日

●気温はどれくらいか？

例　汗ばむような暑さ

●だからどんな服装や持ち物がいいか？

例　風通しのいい服装

●身近な話題は？

例　夜は満月がきれいに見られそう。絶好の行楽日和になりそう。

具体的な子供への話しかけ

すぐにコピーをして使えます！

お天気メソッド　準備メモ　フォーマット

（　　）月（　　）日（　　）曜日　お天気メソッド準備メモ

○どんな天気なのか？

○気温はどれくらいか？

○だからどんな服装や持ち物がいいか？どうすればいいか？

○身近な話題は？

3 学校へ出勤後、短時間で手際よく教材を作成しましょう

学校に行ってから一息ついて、Ｂ４の紙２枚（またはＢ４の紙１枚でも）を繋げ、子供に考えさせたい箇所を〇〇や（　）で空けた文章を書きます。朝の会等の前に、天気予報の話を作成しておくと良いと思います。もちろんこういう紙の教材を用意しなくても、黒板に一言書くだけでも良いと思います。

例

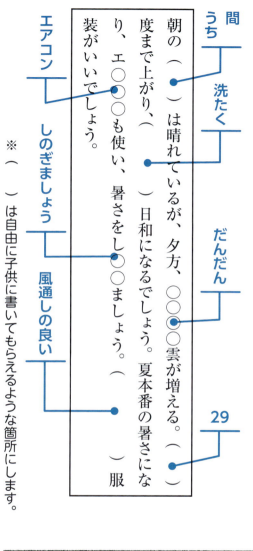

朝の（　）は晴れているが、夕方、〇〇〇〇雲が増える。（　）度まで上がり、（　）日和になるでしょう。夏本番の暑さになり、エ〇〇〇も使い、暑さをし〇〇ましょう。（　）服装がいいでしょう。

間《うち》
洗たく
だんだん
29
エアコン
しのぎましょう
風通しの良い

※（　）は自由に子供に書いてもらえるような箇所にします。

紙に書かなくても黒板に一言書くだけでもＯＫ！

第2章

お天気メソッドの進め方

　ここでは、実際にどのようにお天気の話を扱うかについて述べます。教師（保護者）が一方的に、こういうお天気だから、こういうことを覚えてね！というのはなく、子供とやりとりしながら、お天気の話を扱うところが大切なことです。次のページ以降、お天気の長い話が掲載されていますが、短い話でかまいません。一行でも、一文でも、「お天気下り坂！」のような一言でもかまいません。失敗を恐れず、まずやってみましょう！

1 話のやりとりをしながら進めていきましょう

教師と子供で、次のようなやりとりが考えられます。具体例をご紹介します。ただ、こういうやりとりは、一例ですので、みなさんがやりやすいやり方で取り組んでいただければと思います。

先生　「お天気の話をしましょう。」
子供　「はーい。」
先生　「今日は、何が広がると思う？」
子供　「雲が広がる。」
先生　「どんな雲が広がるのかな？」
子供　「？」
先生　「『ど』、ではじまることば。」
（「ど」と、ヒントを書く）
子供　「どんより！」

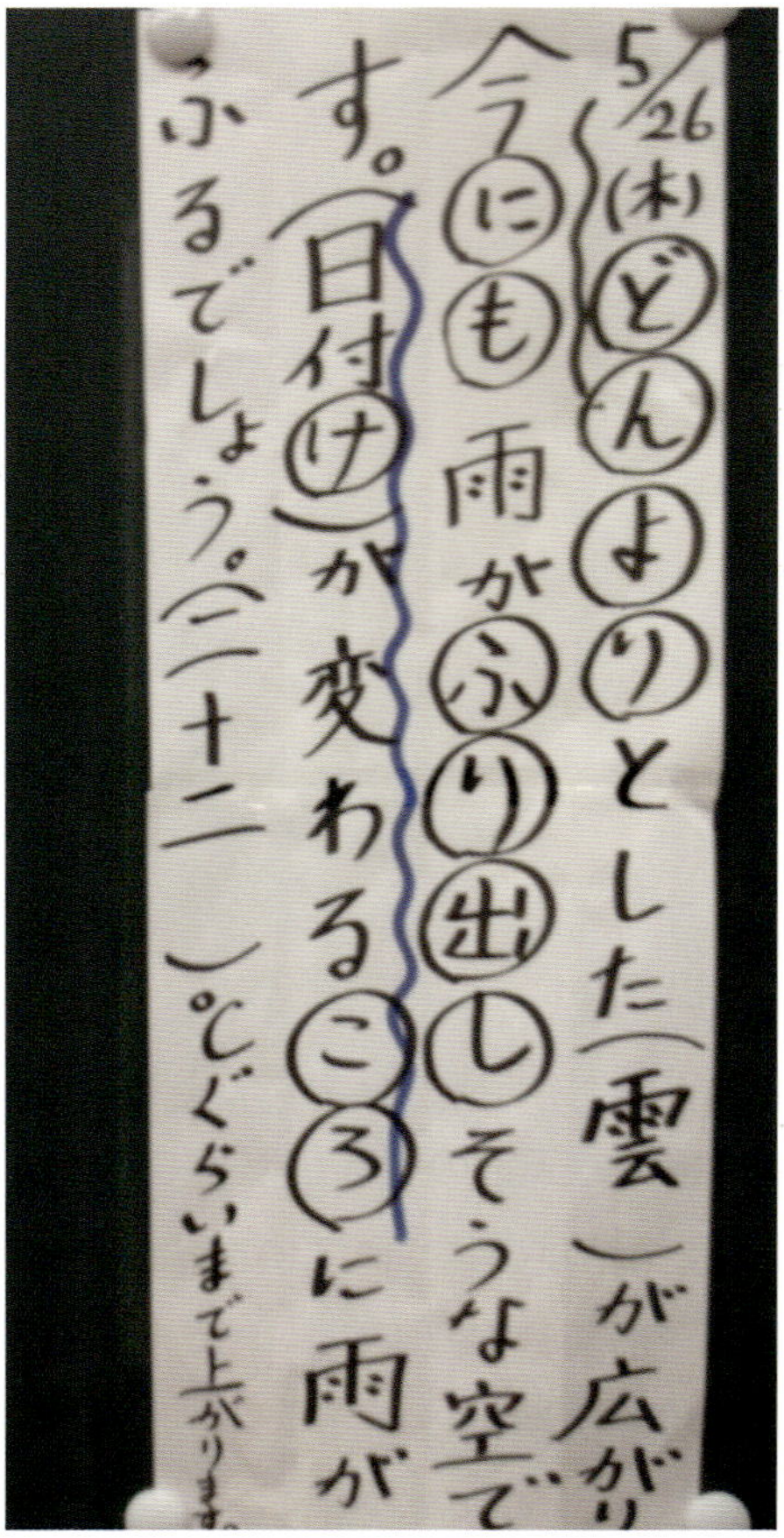

先生　「そうだね！　どんよりした雲ってどんな雲かなあ？」

子供　「はいいろの雲。」

先生　「【笑顔で！】だから、どんな空なのかな？」

子供　「今にも雨が降り出しそうな空。」

先生　「みんなはかさを持ってきたかな？」

子供　「持ってない！」

先生　「持ってきてない、って言うよ。」

子供　「持ってきてない。」

先生　「あのねえ、雨がふるのはいつごろだと思う？」

子供　「わかんない。」

先生　（ヒントで「日付け」と書く）

子供　「日付け」

先生　「日付が変わるころだって。」「日付けが変わるころって何時ごろかな？」

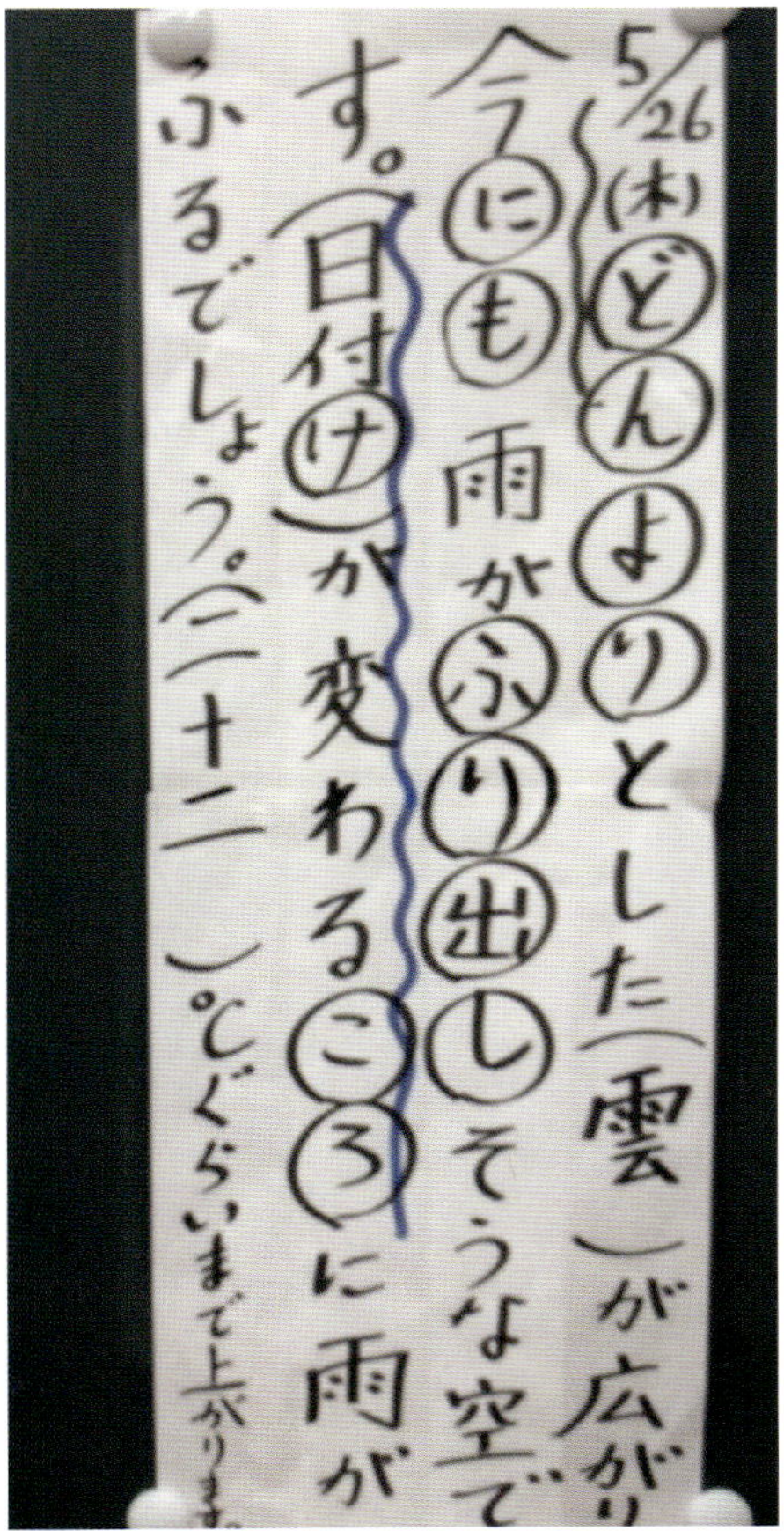

子供「・・・・・・？」

先生「今日は、五月の二十六日でしょ。」「二十七日になるのは何時かなあ？」

子供「夜の十二時。」

先生「そうだよね。だから日付が変わる頃っていうのは？」

子供「夜の十二時ごろ。」

先生「夜の十二時ごろ、どうなるの？」

子供「雨がふる。」

先生「今日は、何度ぐらいまであがると思う？」

子供「二十度ぐらいかな。」

先生「二十二度ぐらいまで上がるんだって。二十二度ってどお？」

先生「じゃあ、全体を発音に気をつけて読みましょう。」

子供「・・・・・・・・」

先生「暑いかな？　寒いかな？」

子供「暑くも寒くもないかな。」

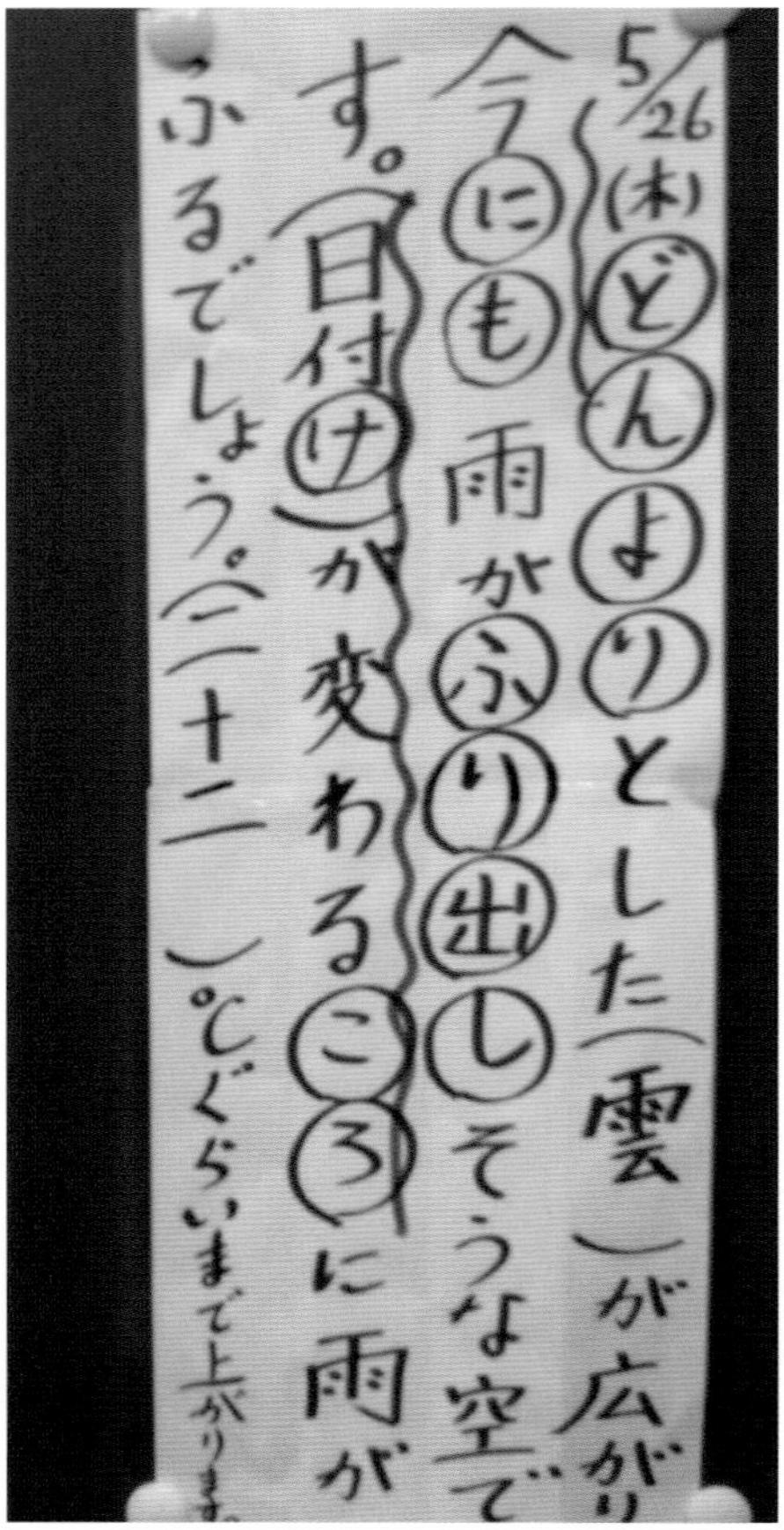

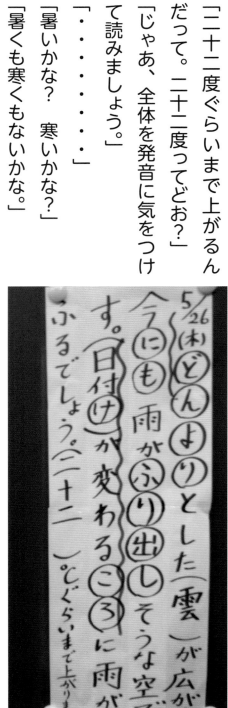

2 子供に知ってほしいことばを、様々な方法で理解に導きましょう

○話のやりとりをする。

子供とやりとりをしながら、ことばの意味を、理解していくという方法です。

例えば、「梅雨（つゆ）」ということばを扱うとき、誰かが「つゆ」と答えたら、教師は「つゆってなあに？」と発問し、誰かにその意味を答えてもらい、クラスのみんなが、そのことばの意味を共有するといったやり方が考えられます。

○実物を子供に見せる。

中には、ことばで説明するよりも、実物を見せた方が理解がしやすいことばがあります。

例えば、「雲一つない抜けるような青空」の「ぬけるような青空」「風通しの良い服」「天気が崩れる」などは実際の空を見た方が

風通しの良い服の例

分かりやすいと考えられます。

○絵を見せる。

実物で見せられないものについては、絵で示してあげると理解がしやすいでしょう。

例えば、学校で「洗濯物をしっかりとめる」の「しっかりとめる」を話題にするときなどです。洗濯物を、複数の洗濯ばさみで、しっかりとめている絵を見せることによって理解しやすくなるでしょう。一方、家では保護者の方であれば、このような場面は見せやすいでしょう。

3 最後に音読しましょう

教材で提示した文の中の、○や□などが埋まったら、最後に一通り学級のみんなで声を出して、読みましょう。

読むことによって、教えたいことばが、どのような状況、話の中で使われるかがより分かり、次に似たような場面等があった時に、そのことばを使いやすくなるかもしれません。

★音読の際のポイント

●ゼスチャーを入れて、状況をイメージしながら読む。（聴覚に障害がある子供であれば手話をしながら）

例

「横殴りの雨」であれば両手で斜めから雨が降る様子をするなど

●発音に気を付けながら、どこで区切って読むか等教師の判読に合わせて読む。

第3章

お天気メソッドの実践　四季編

ここでは、代表的な四季の天気予報の話とその扱い方の例を示します。日本は四季があり、様々な季節に関連したことばを天気予報から知ることができます。この身近な季節・天気から学べることばはたくさんあり、教科指導の土台となる言語力がつくことが期待できます。また、２つの学校の先生の実践と子供たちの感想、保護者がお天気メソッドを取り入れご家庭で取り組まれていることについてご紹介します。

天気予報では、季節ごとに、様々な日本語を使用しています。それらのことばに毎年少し意図的に触れさせることによって、ことばの獲得にかなりの差が出てくると考えられます。

次ページの「具体的な実践例」では、天気予報で実際に使われた例文をまとめました。授業でさっそく使ってみましょう。

こごえるような寒さだね。

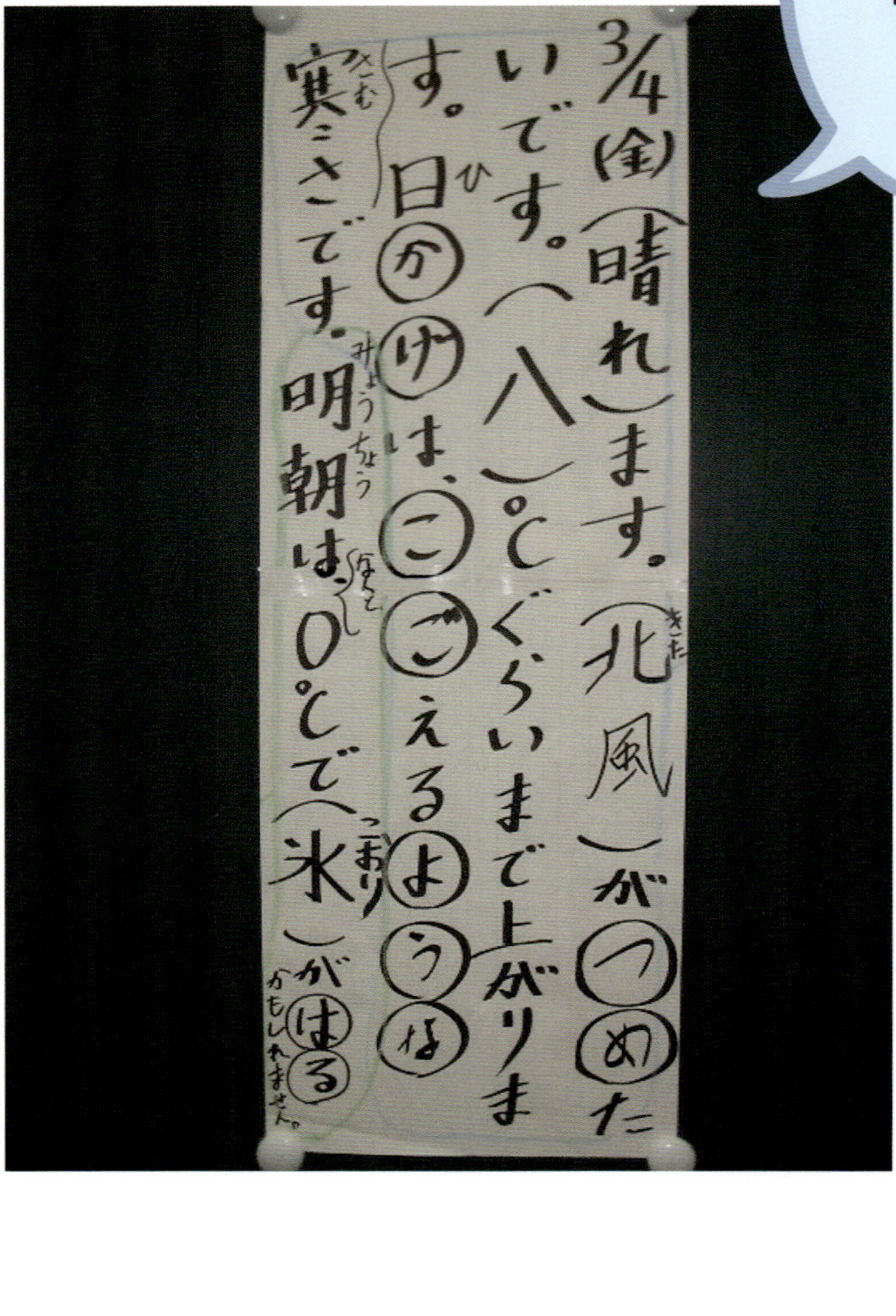

3/4(金)(晴れ)ます。(北風《きた》)が(つめた
いです。(八)℃ぐらいまで上がりま
す。日《ひ》かげは、こごえるような
寒《さむ》さです。明朝《みょうちょう》は、0℃で(氷《こおり》)がはる
かもしれません。

具体的な実践例

春

・春のよう気でぽかぽかです。お花見日よりになるでしょう。
・気持ちのいい風も吹き、こいのぼりが元気に空を泳ぐでしょう。

秋

・秋晴れの1日です。紅葉狩り日和になるでしょう。
・1日中晴れるでしょう。今日は中秋の名月ですが、お月見日和になるでしょう。

夏

・真夏の青空が広がります。きょうは気温がぐんぐん上がり、うだるような暑さになるでしょう。
・良く晴れて太陽がぎらぎら輝きます。逃げ場のない暑さになるでしょう。

冬

・風も少しあり、たこあげにいい1日でしょう。電線にひっかけないようにしましょう。
・冬ばれの空が広がります。梅がほころびはじめました。

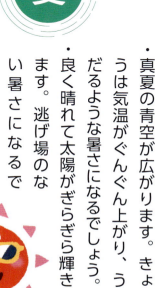

冬

1 具体的な四季の天気予報の実践例

ここからは、季節ごとの具体的な天気予報を例に挙げ、どのような指導ができるか考えていきます。

① 冬本番の厳しい寒さの日の天気予報の話から

実際の天気予報の話

今日は冷たい雨で、
朝のうちは雪になる所もあります。
外出時に降っていなくても雨具がお伴。
冬本番の厳しい寒さとなります。
防寒を万全に行ってください。

扱うことばの例

小学校低学年の児童なら

うち　外出　雨具　防寒

小学校高学年の児童・中学生の生徒なら

お供　冬本番　万全に

授業中のやりとりの例

小学部低学年の話のやりとり例

教師からの話（問いかけ）

朝のうちって他の言い方をすると？

子供の話の例（正しい答えが返ってくるとは限りませんが）

→朝のあいだは

雨具って、例えばなにがある？

→かさ、かっぱ、ながぐつ

寒さをふせぐために、どうすればいい？

→マフラーをまく、服を何枚も重ねて着る、カイロをもつ、毛糸のぼうしをかぶる

寒さを防ぐための具体的な方法を考えさせ、自由に答えさせる。

板書例

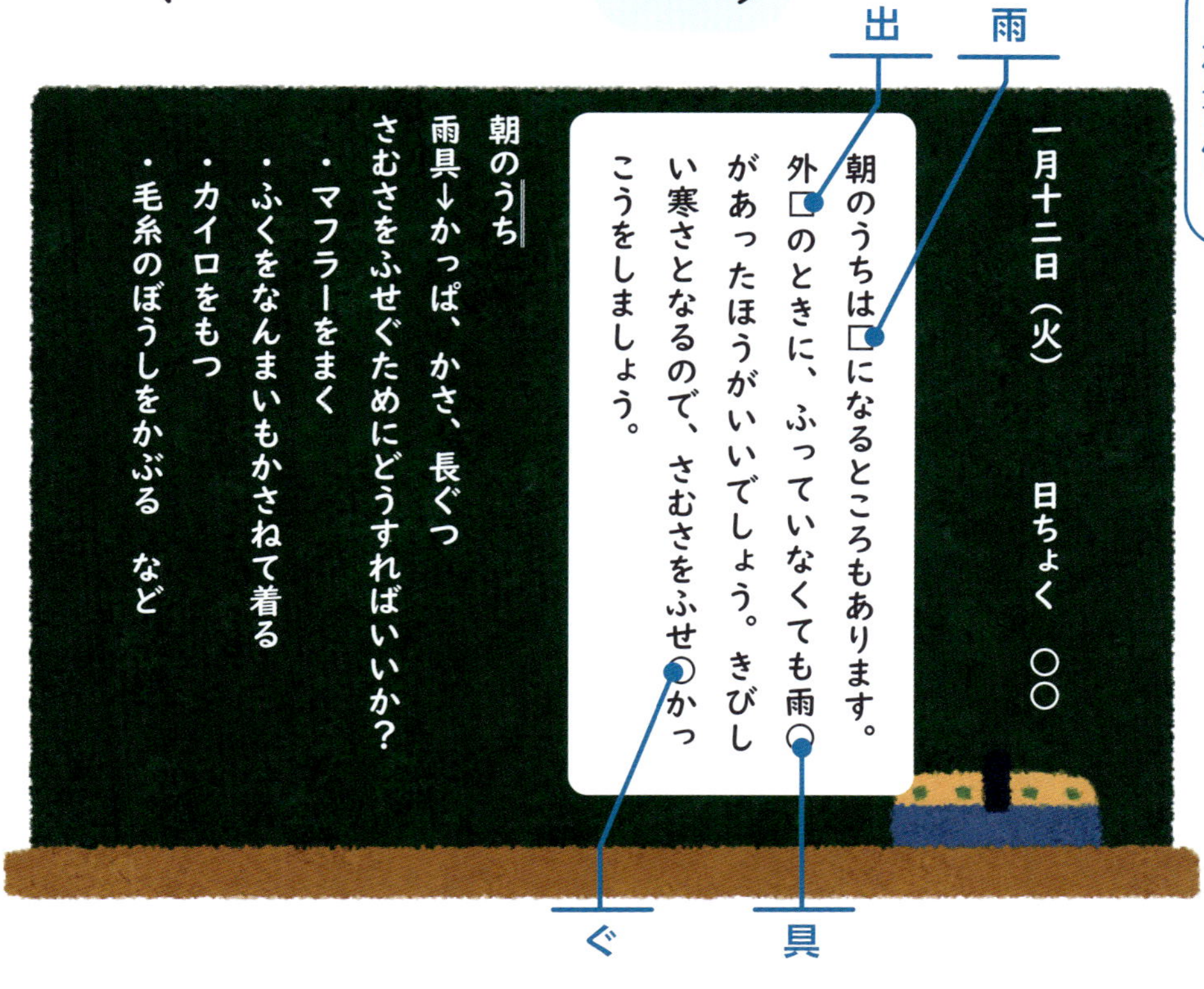
一月十二日（火）　日ちょく　○○
朝のうちは□になるところもあります。外□のときに、ふっていなくても雨○があったほうがいいでしょう。きびしい寒さとなるので、さむさをふせ○かっこうをしましょう。
雨
出
具
ぐ
朝のうち
雨具→かっぱ、かさ、長ぐつ
さむさをふせぐためにどうすればいいか？
・マフラーをまく
・ふくをなんまいもかさねて着る
・カイロをもつ
・毛糸のぼうしをかぶる　など

冬

②冷たい風が吹く寒い日の天気予報の話から

今日は晴れますが、
冷たい風がやや強く吹いて一層寒く
感じられそうです。風を通しにくい
服装で防寒を万全に。体調管理も
しっかりと行ってください。

扱うことばの例

小学校低学年の児童なら

冷たい　防寒　しっかり

小学校高学年の児童・中学生の生徒なら

一層　風を通しにくい服装　万全に

経験をもとに、風を通しにくい服を、考えさせる。正しい名前が出てこない場合は、「ダウンジャ○ッ○」のようにヒントを提示する。

授業中のやりとりの例

小学部高学年の話のやりとり例

一層寒く感じられそうの「一層」っていうのは？

→ますます、さらに

風を通しにくい服装って、どんな服装かなあ？

→ダウンジャケット、ナイロン素材の服、ウィンドブレーカーなど

「万全に」っていうのは？

→少しも手落ちのないこと

「万全に」ということばを使って短文を作ってみよう！

経験をもとに、文を考えさせる。

板書例

一月十八日（月）　日ちょく　○○

今日は冷たい風が○○強く吹いて、一□寒く感じられそうです。風を□○にくい服装で、防寒を万□にしましょう。

層　やや　通し　全

一層
　ますます、さらに
風を通しにくい服装
　ダウンジャケット、ナイロン素材
　ウィンドブレーカー　等
万全に
　少しも手落ちのないこと
（文づくり）
　保存食料も一週間分用意して、台風対策は万全だ。

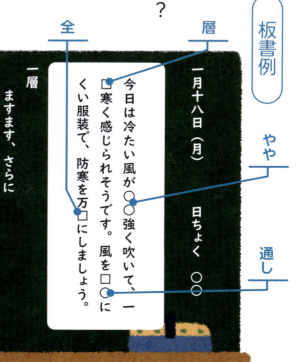

春

③ぽかぽか陽気の春の日の天気予報の話から

今日は晴れて穏やかな空。

昼間は気温が上がり、桜も喜ぶポカポカ陽気となります。朝晩との気温差や花粉の飛散には引き続きご注意ください。

扱うことばの例

小学校低学年の児童なら

さくらもよろこぶぽかぽかようき

ひきつづき

小学校高学年の児童・中学生の生徒なら

穏やかな　桜も喜ぶ　飛散

擬人法にあたるところ。人ではない植物などの気持ちを考えることは、ひいては人の気持ちを理解することに繋がる。また、どうして？という発問で根拠を考えさせる習慣を。

授業中のやりとりの例

小学部高学年の話のやりとり例

だれが喜ぶの？
→桜が喜ぶ
どうして桜が喜ぶの？
→ぽかぽか陽気だから。
ぽかぽか陽気で桜の花はどうなると思う？
→もっと花がさく。
「引き続きご注意ください」っていうのはどういうこと？
→今までも注意してきたけど、これからも注意してくださいということ。
何に注意すればいいの？
→朝晩との気温差、花粉の飛散

板書例

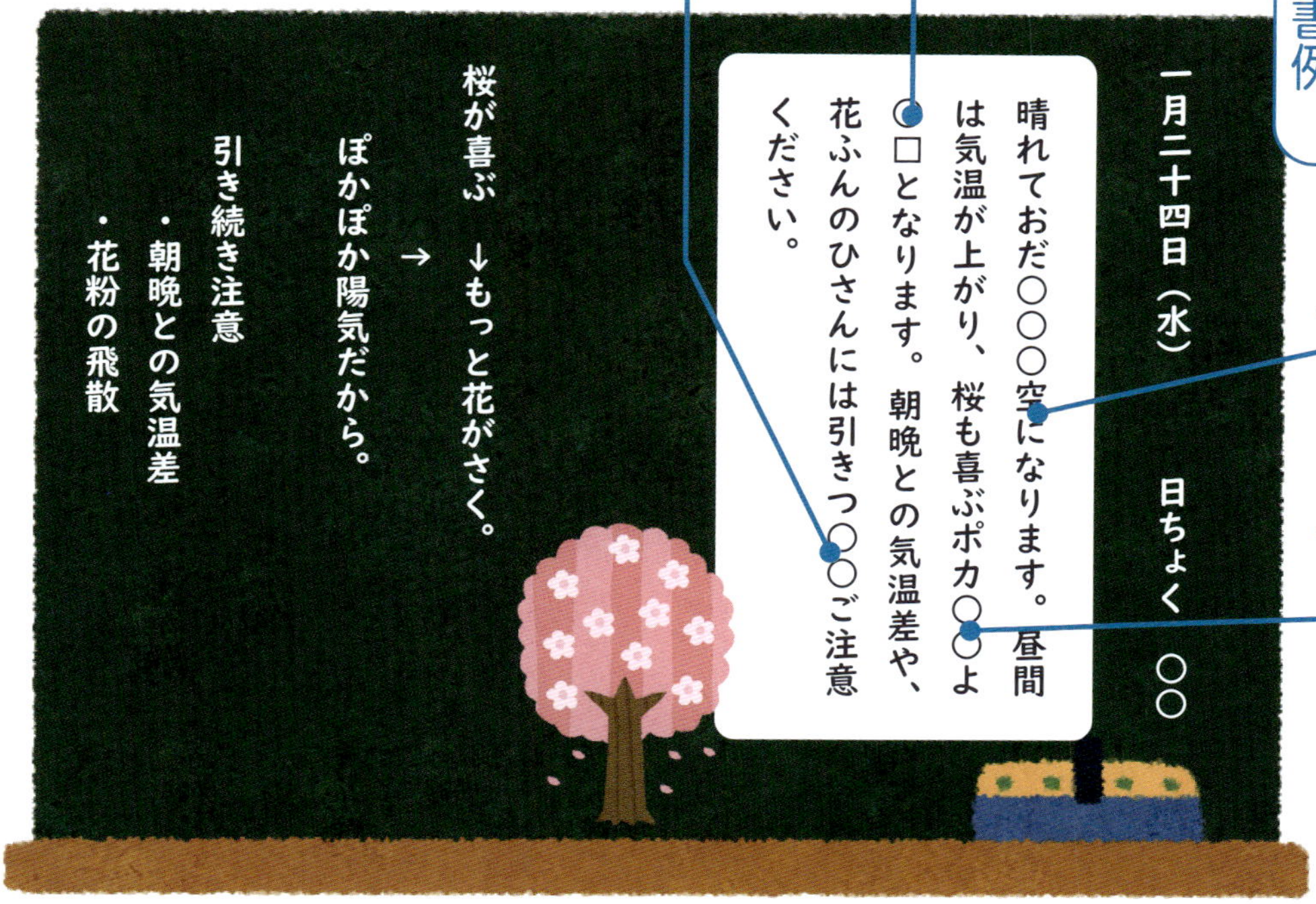

やかな
ポカ
う気
づき

春

④過ごしやすい体感の春の日の天気予報の話から

カラッと過ごしやすい体感です。生き生きとした緑が美しい季節ですが、皆さんは緑を感じていますか？きょうは散歩日和のところが多くなります。ぜひ、お散歩がてら美しい緑をさがしてみてください。

扱うことばの例

小学校低学年の児童なら

すごしやすい　おさんぽ

おさんぽびより　ぜひ

小学校高学年の児童・中学生の生徒なら

からっとした体感　緑を感じる

～がてらに

ことばは、場面によって、いろんな意味になることを知る必要があります。

授業中のやりとりの例

小学部高学年の話のやりとり例

「からっと」には三種類の意味があります。それぞれ文をつくってみよう。

→からっと晴れ渡った空。（空が明るく晴れ上がっている様子）

→からっとあがったからあげ。（しめり気がなく、かわいている様子）

→あの男の子はからっとした性格だ。（いさぎよく、ほがらかでさっぱりしている様子）

「・・・を感じる」を使って文をつくってみよう。

→青々とした新緑を見ながら初夏の空気を感じる。

「・・・がてら」というのは？

→そのついでに

「・・・がてら」を使って文をつくってみよう。

→空港に行きがてらに、空港でしか売っていないお菓子を買う。

板書例

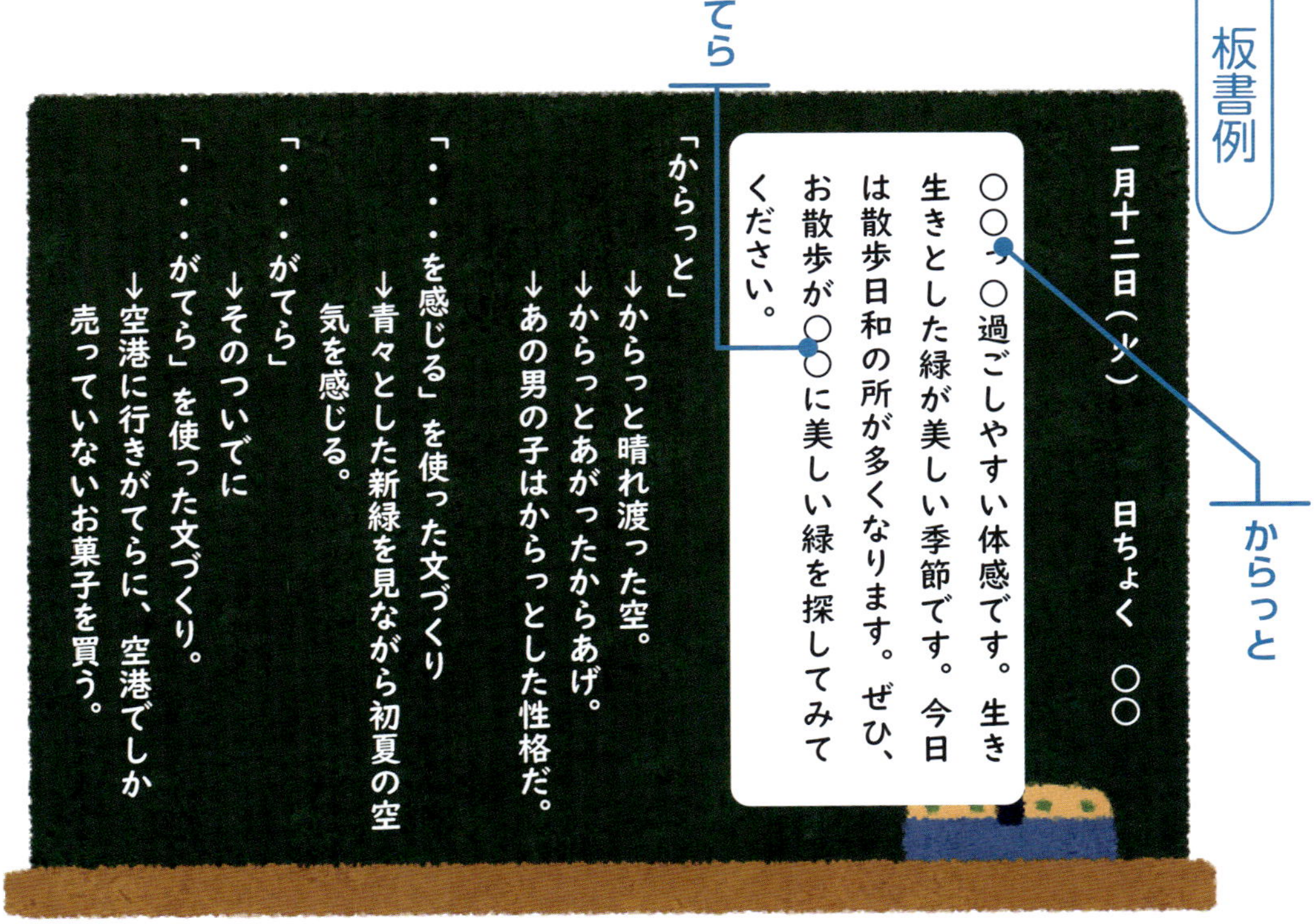
からっと
てら
一月十二日（火）　日ちょく　〇〇
〇〇っ〇過ごしやすい体感です。生き生きとした緑が美しい季節です。今日は散歩日和の所が多くなります。ぜひ、お散歩が〇〇に美しい緑を探してみてください。
「からっと」
→からっと晴れ渡った空。
→からっとあがったからあげ。
→あの男の子はからっとした性格だ。
「・・・を感じる」を使った文づくり
→青々とした新緑を見ながら初夏の空気を感じる。
「・・・がてら」
→そのついでに
「・・・がてら」を使った文づくり。
→空港に行きがてらに、空港でしか売っていないお菓子を買う。

夏

⑤熱中症対策をしたい日の天気予報の話から

今日も雨の降りやすい梅雨空が続きます。外出の際は雨具を忘れずに。雨でも気温は高く、蒸し暑い体感です。熱中症対策をしっかりとおこなってください。

扱うことばの例

小学校低学年の児童なら

梅雨空　雨具

小学校高学年の児童・中学生の生徒なら

蒸し暑い　熱中症対策

高学年の児童ぐらいであれば、熱中症対策で、具体的にどんなことをしていけばよいかを自分のことばで言わせたいものです。

授業中のやりとりの例

小学部低学年の話のやりとり例

「・・・やすい」を使って文を作ってみよう。

→ゆかそうじをしたばかりで、すべりやすくなっている。

「雨ぐ」っていうのは？

→雨のときのおでかけのときにつかうもの。

「むしあつい」っていうのは？

→かぜがなく、しっけがおおく、きおんが高いじょうたい。

「体かん」というのは？

→体がうけるかんじ。

「ねっちゅうしょうたいさく」というのはどんなものがあるの？

→1．こまめに水ぶんほきゅうする。2．エアコン・せんぷうきをうまくつかう。 3．シャワーやタオルでからだをひやす。4．へやのおんどをはかる。5．あついときはむりをしない。6．すずしいふくそうにする。 そとへ出るときには日がさ、ぼうしをよういする。7．へやのかぜとおしをよくする。8．きんきゅうのとき、こまったときのれんらくさきをつたえておく。

板書例

七月七日（水）　日ちょく　〇〇

雨のふりや〇〇つゆ空がつづきます。そとへ出るときは、あま〇をわすれないようにしましょう。
雨でも気おんは高く、〇しあついですね。ねっちゅうしょうたいさくをしっかりとしましょう。

すい
ぐ
む

「・・・やすい」
→ゆかそうじをしたばかりで、すべりやすくなってる。
「むしあつい」
→かぜがなく、しっけがおおく、きおんが高いじょうたい。
「ねっちゅうしょうたいさく」
→①こまめに水ぶんほきゅうする。
②エアコン・せんぷうきをうまくつかう。
③シャワーやタオルでからだをひやす。
④へやのおんどをはかる。
⑤あついときはむりをしない。
⑥すずしいふくそうにする。そとへ出るときには日がさ、ぼうしをよういする。
⑦へやのかぜとおしをよくする。
⑧きんきゅうのとき、こまったときのれんらくさきをつたえておく。

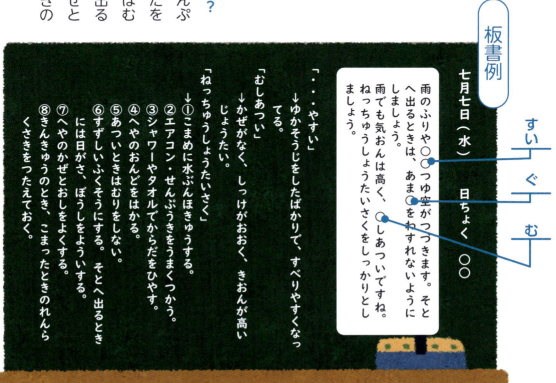

夏

⑥強い日差しの日の天気予報の話から

今日も夏空が広がり、外出をためらってしまいそうな強い日差しと厳しい暑さに。こまめな水分、塩分補給など熱中症対策が必須です。紫外線対策も欠かせません。

扱うことばの例

小学校低学年の児童なら

外出　日差し　水分補給

小学校高学年の児童・中学生の生徒なら

こまめな　熱中症対策

必須　紫外線対策

クイズのような要素を用いて、「夏がつくことばは？」のような問いかけは、児童生徒も意欲をもって考え答えることが期待できます。

授業中のやりとりの例

小学部高学年の話のやりとり例

「夏空」のように「夏」がつくことばを五つあげましょう。

→夏みかん、夏休み、夏場、夏バテ、夏物、常夏、真夏、夏日、夏祭り、夏やせ

「ためらう」っていうのは？

→どうしようかと迷うこと。

「ためらう」を使って文を作ってみよう。

→ためらわずに、自分の意見を言った。

「…しまいそうな」を使って文を作ってみよう。

→あまりの気持ちよさに眠ってしまいそうな昼下がりだ。

「こまめな水分補給」というのは？

→短い間隔で水分をのむこと。

板書例

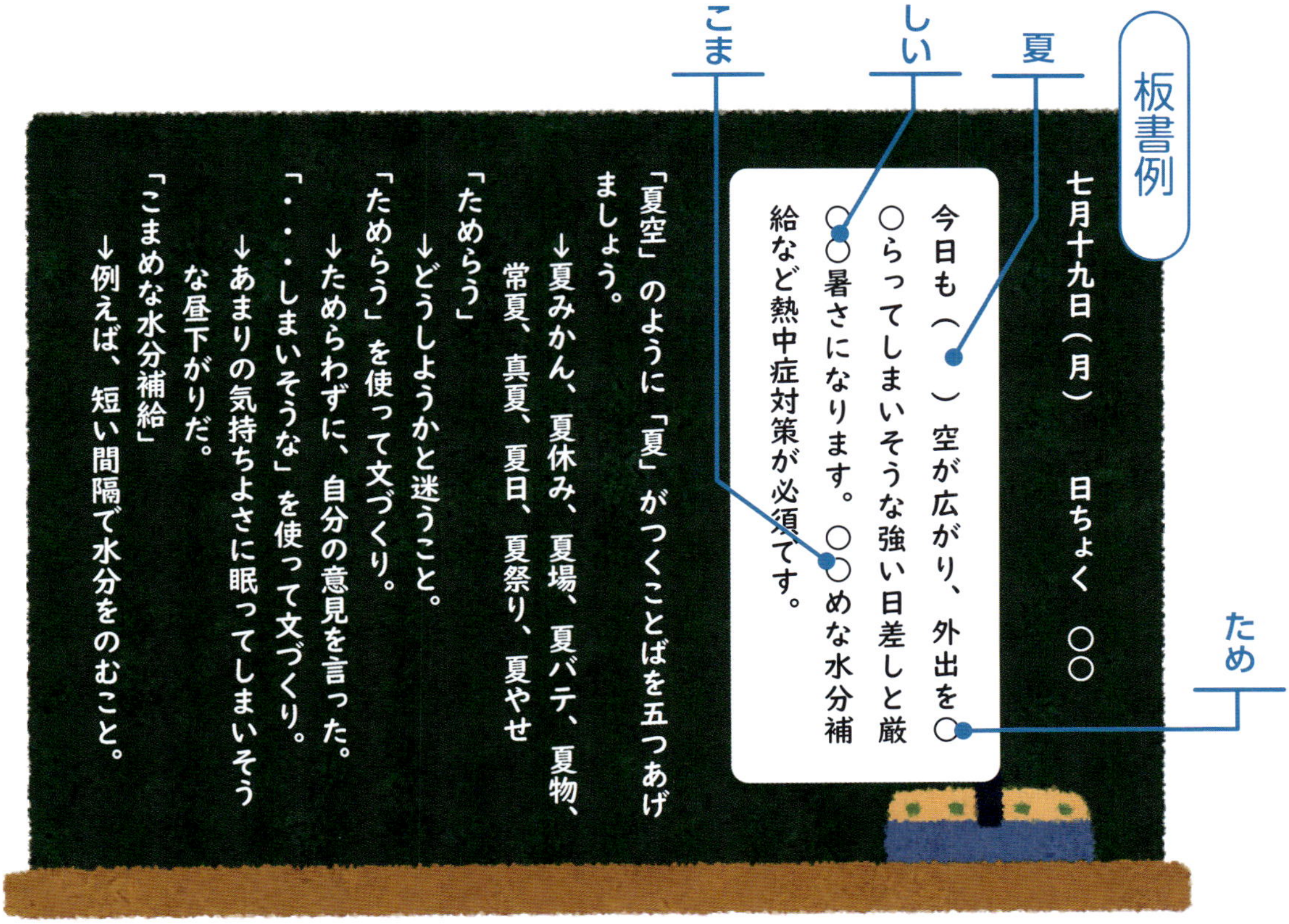
夏
しい
こま
ため
七月十九日（月）　日ちょく　○○
今日も（　）空が広がり、外出を○○らってしまいそうな強い日差しと厳○○暑さになります。○○めな水分補給など熱中症対策が必須です。
「夏空」のように「夏」がつくことばを五つあげましょう。
→夏みかん、夏休み、夏場、夏バテ、夏物、常夏、真夏、夏日、夏祭り、夏やせ
「ためらう」
→どうしようかと迷うこと。
「ためらう」を使って文づくり。
→ためらわずに、自分の意見を言った。
「・・・しまいそうな」を使って文づくり。
→あまりの気持ちよさに眠ってしまいそうな昼下がりだ。
「こまめな水分補給」
→例えば、短い間隔で水分をのむこと。

秋

⑦秋晴れの日の天気予報の話から

北海道から沖縄の広い範囲で日差しが届き、気持ちの良い秋の空を楽しめそうです。夕方、徐々に雲がふえるでしょう。昼間は、秋晴れの下、何をするにもちょうど良さそうな日ですね。

扱うことばの例

小学校低学年の児童なら

北海道　沖縄　日差しが届く

小学校高学年の児童・中学生の生徒なら

広い範囲

何をするにも

家庭でもお天気メソッドはできます‼

家庭でのやりとりの例

天気予報の話の中には、副詞（徐々に、しだいに、しとしと等）が多く使われます。副詞を理解するチャンスにもなります。

小学部高学年の話のやりとり例

「徐々に」というのは？
→少しずつ。ゆっくりと。
「秋晴れ」っていうのは？
→秋の良く晴れた天気。
「何をするにも」っていうのは、たとえばどんなことするの？
→スポーツをするにも、買い物をするにも、ドライブするにも
「はかどる」というのは？
→仕事がどんどん進む。

天気予報で言ってたけれど、夕方は徐々に雲が増えるみたいだけど、昼間は秋晴れで、なにをするにも、ちょうど良さそうな日だって。何をしようか？ 暑くもないし、寒くもないし、お部屋掃除も**はかどりそう**だね。

⑧紅葉狩りを楽しめる日の天気予報の話から

今日は日曜日でお休みの方も多いですね。昼間は紅葉狩りを楽しめる陽気となります。夜は冷え込みますが、日中は洗濯物の外干し日和です。ぜひお近くの秋を見つけてみてください。

扱うことばの例

小学校低学年の児童なら

お休み　昼間　陽気　ぜひ

小学校高学年の児童・中学生の生徒なら

紅葉狩り　近くの秋

自分の身の回りのことを考えさせ、身の回りに感じる秋を自分のことばで答えさせる言語活動が期待できます。

家庭でのやりとりの例

小学部高学年の話のやりとり例

「冷え込む」というのは？

→急に気温が下がる。

「外干し日和」というのは？

→洗濯物を干すのにふさわしい天気のこと。

「紅葉狩り」って読み方は？どういう意味？

→もみじがり、紅葉を見て楽しむこと。

「陽気」っていうのは？

→気候。

「お近くの秋」というのは？

→近くの紅葉した木、お店に売っている秋の食材、果物など。

天気予報で言ってたけれど、近くの秋を見つけてくださいって。近くで秋を見つけに行こうか!!

② 2つの学校での実践

ここでは、特別支援学校（聴覚障害）2校の先生の実践をご紹介しますが、小学校・中学校等でも同様のことができます。

静岡県立浜松聴覚特別支援学校
小学部6年生での学級での実践

毎朝、A4用紙1枚に5行程度、その日の天気について説明した文章を提示して、朝の会で、トピックスとして取り上げています。その際、児童に触れてほしいことばを空欄にして、児童が考えられるようにしています。空欄部分は、漢字が入る部分を□で、平仮名や片仮名が入る部分を○で提示しています。朝の会で、全員で内容を確認した後、その日の当番が用紙に正答を書き、その紙を掲示係が黒板の「今日の天気」にファイリングするようにしています。

3・4年生の頃は、朝の会で確認しながら、空欄部分も教員が書いていましたが、昨年度から当番の児童が書くようになりました。そのため、漢字の学習にも繋がっています。「寒い」や「温かい」「暖かい」などの漢字は間違えやすいので、確認の意味でも児童が書くのは良い機会になっているように感じています。さらに、日記や作文でも天気に関する表現を使うことができるようになりました。

毎日続けることで、「にわか雨」「雷雨」「強風」「快晴」などのお天気の用語にも触れることができるとともに、「おだやか」「肌寒い」「冷え込む」「蒸し暑い」「湿度が高い」など、さまざまな言い方を覚えることができました。また、「カラッとした」や「ムシムシ」「ジメジメ」「ザーザー」「ビュービュー」などのオノマトペも使えるようになりました。だんだんと教員がヒント等を言わなくても、自分たちで空欄部分のことばを考えることができるようになってきました。教員が紙の準備ができなかった時には、児童に「今日の天気はどんなふうに表せばいいですか?」と問いかけると、「晴れて、おだやかな天気です。」や「だんだんと雲が広がり、雨が降り出します。」など、自分たちでその日の天気に合う文を考えることもできるようになってきました。

岡田先生の話

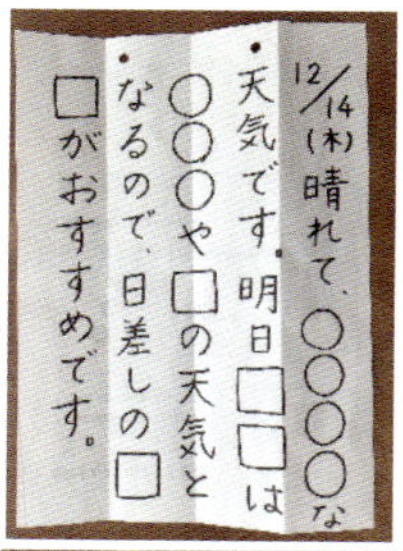

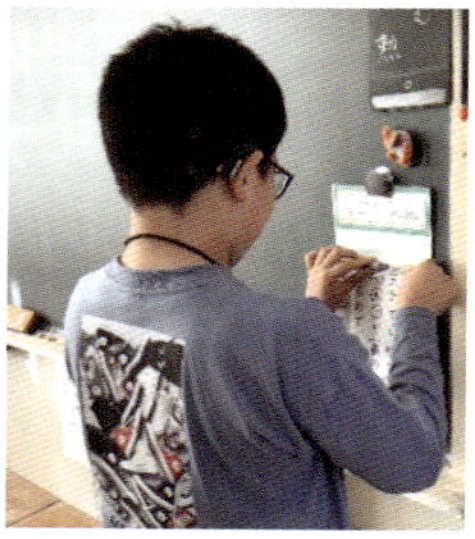

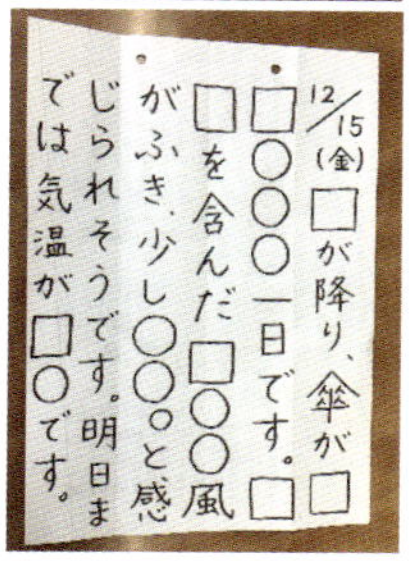

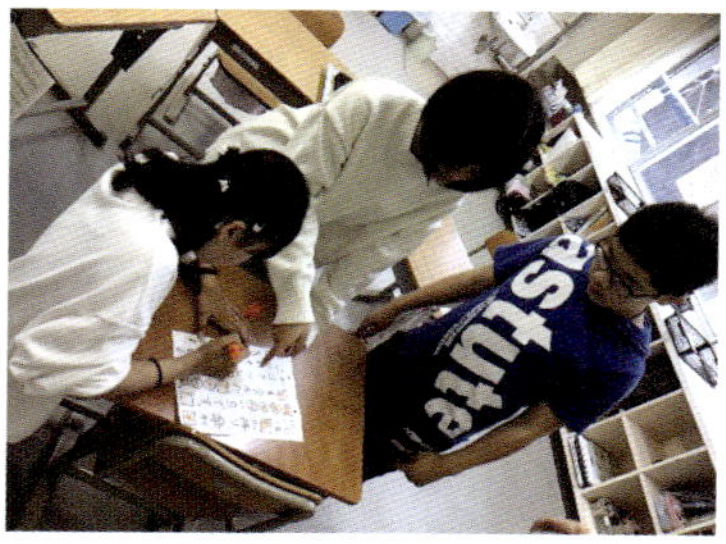

＜運動会の作文より＞

Aさん

結局負けてしまったけれど、楽しい思い出ができたので、心は快晴だった。

Bさん

今までで一番楽しかった。私の心には、きれいな青空が広がっていた

◎お天気メソッドをやってみた児童の感想

・たくさんのことばを覚えられた。
・入ることばを考えて、思いつくのが楽しかった。
・気象予報士の気分になれた。
・天気のことばをたくさん知れてよかった。

静岡県立静岡聴覚特別支援学校

小学部４年生での学級での実践

担任の先生の話

毎日黒板の右側（日、当番名などの横）に3行程度、その日の天気予報を、一部知っておいてほしいことばやその季節に合った表現などを（　）の虫食い文で記載しています。あまり触れたことのない表現やことばなどは、横にヒントやその意味を記載しています。子供たちは朝、登校すると、自分から（　）にことばを書き込んでいます。今年度の朝の会は2年生～5年生合同なので、1校時の学年での学習が始まる時に、簡単に（　）に当てはまることばを確認し、一緒に声を出して読んだりしています。また、覚えてほしい表現やことばの意味についても確認するようにしています。以前にも扱ったことばや表現等は「これは、分かる」と言い、書くことも見られます。このような活動を継続することでことばに対する子供たちの意識などの成果を感じています。

子供が書いている様子

学級内のあるご家庭での取り組み（保護者のお話）

バス通学で、「傘が必要か」「寒くなるのか」などの１日の天気の移り変わりを教えたかったことがきっかけで始めました。幼稚部時代に取り組んでいた「絵日記」の取り組みと共通する点がありますが、ことばでやりとりする際に、会話の内容を具体的に頭の中でイメージしながら豊かに会話できることを願って、家庭でもやりとりしたいと感じています。

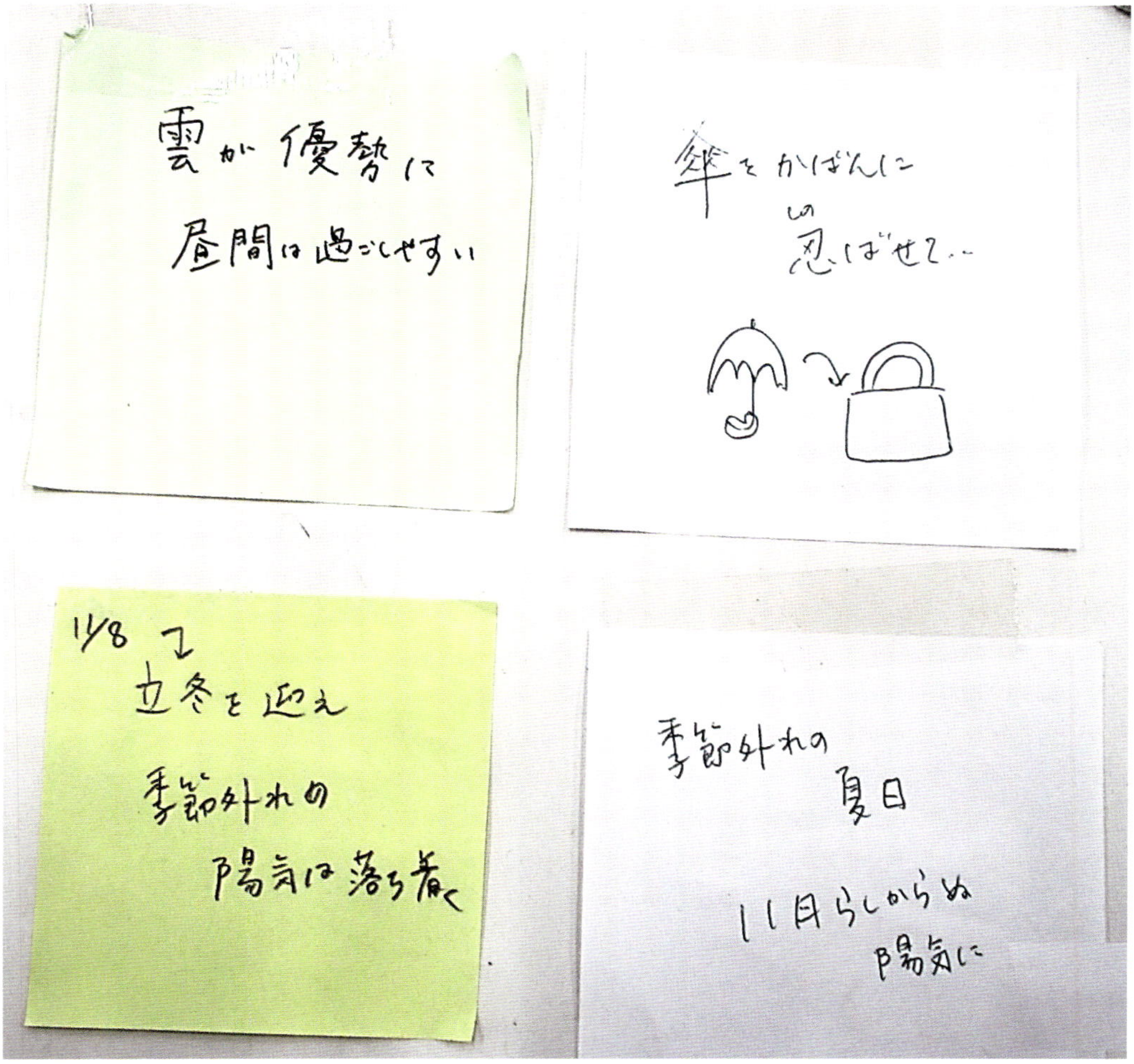

保護者からのメモ（家庭でのやりとり）

第4章

楽しみながら ことばの力がつく 教材

ここでは、すぐに使えて、ことばの力がつく教材を掲載しています。まず、夏と冬バージョンのクイズです。コピーして、すぐに使えるシートになっています。それから、天気予報の話から絵を描く教材です。これもコピーをしてすぐに授業で使うことができます。

クラスメートそれぞれが描く絵をもとに、話のやりとりをすることで、たくさんのことばを知り、使える可能性が出てきます。

1 楽しく学ぶ夏と冬のことばクイズ
〜お天気にかかわるクイズ〜

すぐにコピーをして使えます！

朝の会や、自立活動の時間、総合的な学習の時間、または学校行事の中でクイズを行う時等、ちょっとした時間に、次のページからのクイズをコピーして使うことができます。夏の暑い頃、毎日「暑いね。」と同じことばばかり使っていたのでは、ことばの力は伸びにくくなります。暑さの表現や寒さの表現には様々なものがあります。これらのクイズにあるような言い回しを知ることで、子供が様々な表現を使う可能性が出てきます。子供の実態に合わせ、最初の一文字はあらかじめ書いてあげてもかまいません。

場合によっては、保護者会等で先生方がここにあるようなクイズを出してみて、正答数を保護者の方々に言っていただくのではなく、様々な表現の大切さについて理解をしていただき、家庭でもこのような表現を使うことを促すこともできます。

何問できたから素晴らしいということでなく、子供たちに、様々な表現があることに気付かせ、いろんな表現を使うことの楽しさを知る機会になればと思います。

まずは、先生方、保護者の方、このクイズにチャレンジしていただき、聞いたことがあることばや言い回しを、子供さんに対して使っていないなあという実感を持っていただければと思います。

夏の暑さに関する表現 10

例題

本文の○○○○にあてはまることばを考えましょう。

日《ひ》ざしが強《つよ》い時《とき》には、日《ひ》がさを

さすことが大事《だいじ》です。

○は平仮名《ひらがな》、□は漢字《かんじ》です

問題 1

本文の○○○○にあてはまることばを考えましょう。

暑《あつ》い時《とき》には、水分《すいぶん》を○○○○とる

ことが大事《だいじ》です

問題2

本文の〇〇〇〇にあてはまることばを考えましょう。

今日《きょう》は暑《あつ》さもゆるみ、
〇〇〇〇〇〇1日《にち》
となるでしょう。

問題3

本文の〇〇〇〇にあてはまることばを考えましょう。

ようしゃなく日差《ひざ》しがふりそそぎ、
〇〇〇ような暑《あつ》さ
になるでしょう。

問題4

本文の○○○○にあてはまることばを考えましょう。

真《ま》夏《なつ》日《び》となり、体《からだ》に○○○○

暑《あつ》さになるで

しょう。

問題5

本文の○○○○にあてはまることばを考えましょう。

猛暑《もうしょ》となり、

□○□のない

暑《あつ》さです。

問題6

本文の○○○○にあてはまることばを考えましょう。

早《はや》い時間《じかん》から気温《きおん》も上《あ》がり、○○○○するほどの暑《あつ》さが続《つづ》きます。

問題7

本文の○○○○にあてはまることばを考えましょう。

風《かぜ》は吹《ふ》いても熱風《ねっぷう》のようで、汗《あせ》が噴《ふ》き出《で》てきます。日陰《ひかげ》を選《えら》んで歩《ある》くだけでも暑《あつ》さが○○○○ます。

問題 8

本文の〇〇〇〇にあてはまることばを考えましょう。

空気《くうき》がじとじと、
〇〇〇〇ついてく
るような暑《あつ》さです。

問題 9

本文の〇〇〇〇にあてはまることばを考えましょう。

じっとしていても、
汗《あせ》が〇〇〇〇
暑《あつ》さとなるでしょう。

問題 10

本文の○○○○にあてはまることばを考えましょう。

強《つよ》い日《ひ》ざしが

○○○○と

照《て》りつけます。

コラム ①

天気予報の話には、暑いからどうすればよいかの話も含まれており、この部分も言語力や生きていく力を育てることに繋がります。

暑いからどうすればいいか！

- 日傘が手ばなせません。
- 熱中症にならないようにこまめな水分補給を忘れないでください。
- 寝る前のコップ1杯のお水も暑さ対策の1つになるでしょう。

小学部３年生の児童が描いた、
夏の天気予報の話をもとに描いた「暑さ対策」の絵

たくさん正解することが良いことということではなく、知らなかったことばや使っていなかったような表現を知り、これから使ってみようと促すことが大切です。

⬇夏バージョンの解答です！

1	こまめに	2	しのぎやすい
3	うだる	4	こたえる
5	逃《に》げ場《ば》	6	うんざり
7	やわらぎ	8	まとわり
9	ふきだす	10	じりじり

冬の寒さに関する表現 10

問題 1

本文の○○○○にあてはまることばを考えましょう。

北風《きたかぜ》が強《つよ》く、身《み》を□○ような寒《さむ》さになるでしょう。

問題 2

本文の○○○○にあてはまることばを考えましょう。

こ○○○ような寒《さむ》さになるでしょう。

問題 3

本文の〇〇〇〇にあてはまることばを考えましょう。

そ〇〇〇の
する寒《さむ》さに
なるでしょう。

問題 4

本文の〇〇〇〇にあてはまることばを考えましょう。

からだの〇〇まで
ひえこむ寒《さむ》さにな
るでしょう。

問題 5

本文の○○○○にあてはまることばを考えましょう。

冬《ふゆ》○○o○○○
がやってきました。

問題 6

本文の○○○○にあてはまることばを考えましょう。

まるで、
○○○○○に
入《はい》っている
ような寒《さむ》さです。

問題7

本文の○○○○にあてはまることばを考えましょう。

体《からだ》が自然《しぜん》に

○○○なっていく

ような寒《さむ》さです。

問題8

本文の○○○○にあてはまることばを考えましょう。

はく○○も白《しろ》く、

手《て》も○○○○

ような寒《さむ》さです。

問題 9

本文の○○○○にあてはまることばを考えましょう。

あたたかい
○○○○をのんで、
体《からだ》をあたため
ましょう。

問題 10

本文の○○○○にあてはまることばを考えましょう。

今日《きょう》が寒《さむ》さの
○○です。
明日《あす》からは
○○○○ます。

コラム 2

下のような天気の話を扱った時には、子供には、実際に、寒くて体が自然に丸くなったことないですか？などと尋ね、実際に動作化させるといったことも考えられます。三行目は、忘（ぼう）年会ということばが入ります。子供たちには直接関係がないことですが、この十二月中旬の金曜日、こういう会が世の中で行われていることを知ることもよいかと思います。

12/17(金) 晴れ（のち）（くもり）です。しぜんに体が丸くなってしまうような寒さです。ぼ◯□□という方《かた》もいると思いますが夜はひ◯◯◯ます。

子供たちには、このような行事についても触れ、その後に上のような絵を見せ、「こういう様子だよね」と言い、子供が半袖の男性を見て、「十二月は冬で、こういう服装はおかしい」ということに気付き、言語活動に繋げることも考えられます。

⬇冬バージョンの解答です！

1	切る	2	（こ）ごえる
3	（そ）こびえ	4	しん
5	しょうぐん	6	れいぞうこ・れいとうこ
7	まるく	8	いき・かじかむ
9	のみもの	10	そこ・やわらぎ

すぐにコピーをして使えます！

② 言語力と感性を育む
天気予報の話から絵を描く活動

天気予報の話からイメージできる絵を描く！

朝の会以外での学級活動・国語・総合的な学習の時間、または、家庭での課題として、朝の会で扱った天気予報の話の情景を描く活動をしましょう。

この天気予報の話を、場面を想像しながら、声を出しながらよく読んで、イメージする絵を描いていきます。その際、「書かれていないことも想像して書いていいんだよ。」ということば掛けがあると良いと思います。

必ず描いてほしい絵について、書いています。例えば、煙を描いてもらって、煙をまっすぐ上に描くか、たなびいているように描くか、意図をもったものになっています。

ここに絵を子供たちに描いてもらいます。もちろん他の大きな紙に描くということでもかまいません。

絵をかいてみましょう①

くもの切れ間から日がさします。きたかぜがとてもつよい一日です。せんたくものがとばされないようにきをつけましょう。

かいてほしいもの

- そら
- ひと（かみの長いスカートをはいた女のひと）
- せんたくもの
- こうじょう（えんとつからけむり）
- かぜ　・木　・ふきだし

お子さんが描いた絵は、必ず良いところがあると思います。是非良いところを一つでも二つでも褒めてあげて下さい。その上で、こんなことも描けるかなということで、お子さんの実態に合わせ、ポイントに書いたことに触れていただければと思います。

絵をかいてみましょう！①

くもの切《き》れ間《ま》から日《ひ》がさします。きたかぜがとてもつよい一日《いちにち》です。せんたくものがとばされないようにきをつけましょう。

かいてほしいもの

- そら
- ひと（かみの長《なが》いスカートをはいた女《おんな》のひと）
- せんたくもの
- こうじょう（えんとつからけむり）
- かぜ　・木《き》　・ふきだし

ポイント

- 雲の間から日がさしているか。
- 風をかいているか。
- 髪の毛が、風になびいていたり、髪が乱れているか。
- スカートが風にあおられていたり、気にしているようすがかかれているか。

ポイント

- こうじょうから出ているけむりがたなびいているか。
- 木のはっぱがゆれているか。

ポイント

●せんたくものは、ゆれているか。

●せんたくものが、しっかりとめられているか。

ポイント

そのほかに、お天気の話や指定してかくものではありませんが、こんなこともかいてあるとおもしろいですね。

●風でたおれている自転車

●ごみがとばされている

●のぼりがはためいている

例

生徒が描いた絵

（絵が矛盾している事例）

風の向きと煙がたなびいている方向が矛盾しています

絵《え》をかいてみましょう！②

春《はる》の　日《ひ》ざしが　降《ふ》り注《そそ》ぎます。
絶好《ぜっこう》のお花見日和《はなみびより》の休日《きゅうじつ》です。
上野公園《うえのこうえん》はにぎわいそうです。
ですが、強風《きょうふう》で花粉《かふん》の飛散《ひさん》もピークをむかえます。

かいてほしい絵《え》

- 空《そら》
- 地面《じめん》
- 上野公園《うえのこうえん》
- 桜《さくら》
- 人《ひと》
- 吹《ふ》き出《だ》し

ポイント

- 日が降り注いでいる絵が描けているか。
- お花見をしている絵が描かれているか。
- 休日なので「家族連れ」「友達同士」が考えられる。では、平日だったらどうか？ということも問いかけられる。平日であれば「お母さんと子供」平日夜であれば「サラリーマン同士」というのも考えられる。

ポイント

- 背景を描くことも考えられる。上野は東京都心部にあり、実際にスカイツリーも見える。高層ビルを描くという発想もあるといい。

ポイント

●花粉症対策として、マスクをつけている人を描いているか。

●花粉症でくしゃみをしている人や、目を赤くしているような人を描いているか。

ポイント

●お花見でよく見受けるよっぱらい、提灯や、ブルーシートや、大きなごみ箱などが描かれているか。

絵《え》をかいてみましょう！③

梅雨《つゆ》のまっただ中《なか》です。
今日《きょう》は午前中雨《ごぜんちゅうあめ》が降《ふ》り続《つづ》きます。
特《とく》に通勤《つうきん》、通学時《つうがくじ》は雨《あめ》のピークです。
レインコートなどが大活躍《だいかつやく》しそうです。

かいてほしいもの

- 空《そら》
- 人《ひと》（車道《しゃどう》の近《ちか》くを歩《ある》いている）
- 道路《どうろ》（車道《しゃどう》）
- 走《はし》っている車《くるま》
- 花《はな》や生《い》き物《もの》
- 吹《ふ》き出《だ》し

ポイント

●梅雨の時期ということから、かたつむりやアジサイを描くことも考えられる。

ポイント

●通勤通学時というところから、制服姿の生徒やランドセル姿の児童、サラリーマン等を描くことが考えられる。

ポイント

●レインコートや大き目の傘、長靴、かばんにビニール袋をかぶせているといった絵を描くことも考えられる。

ポイント

●道路には水たまりがあって、そこを通る車が水しぶきをあげ、歩く人が傘を斜めにしてさけているような絵も考えられる。

第5章

教科指導・自立活動・親子の会話事例

ここでは、特に「身近なものについて、ことばで説明できる力を育む」教材文、「教科の単元との関連がある」教材文、「考えさせることができる」教材文になり得るお天気の話をご紹介します。この中には、学校でなくても、休日などに、ご家庭でもできる話のやりとりの例もご紹介しています。保護者会等でもご紹介いただければありがたいです。

様々な学びとなる天気予報

天気予報の話は、様々な教科の学習や自立活動の学習に繋がる内容の話が多くみられます。また、親子でできるような内容が豊富にあります。ここでは、その一例を紹介します。

教科指導に繋がる例

★社会科の学習に繋がる！

こんな天気予報の話があります。

「寒いひなまつりです。晴れのちくもりです。まさに真冬並みの寒さです。関東北部は、朝氷点下の気温でした。北海道の札幌では雪が66センチメートルもつもっています。」

「石川、新潟、富山では大雪けいほうが出ています。新潟では229センチメートルつもっているところもあります。冷蔵庫に入っているような寒さです。」

私が勤めていた特別支援学校（聴覚障害）は、千葉県の学校でしたが、同じ寒い日でも関東北部、北陸さらに北海道に目を向け、寒い地方のくらしを考える学習としても、発展させることができました。雪の積もり具合いなど、学校が位置する千葉県とと北国とでは、大きな違いがあることを明確にさせることができました。

★算数の学習に繋がる！

こんな天気予報の話があります。

「雨です。つめたい雨となります。きのうは夏日でしたが、きょうはきのうより16℃ひくい10℃です。」

このような話の時は、きのうと今日の気温の棒グラフをかくようにしました。

そして、「きのうは何度だったんだろう。」

という問いかけをしました。小学校低学年であれば、10＋16＝26と立式することが難しいお子さんもいます。さらには、高学年のお子さんでも、手こずるお子さんもいます。

算数の問題集等で、

「A子さんはB子さんにあめを16こあげたので、10こになりました。A子さんは最初あめをいくつ持っていましたか。」

と類似する話です。このような、情報をきちんと整理して、数的処理をする活動を日常的にもできる機会になります。

次のページから、さらに詳しく例を挙げてご紹介します。

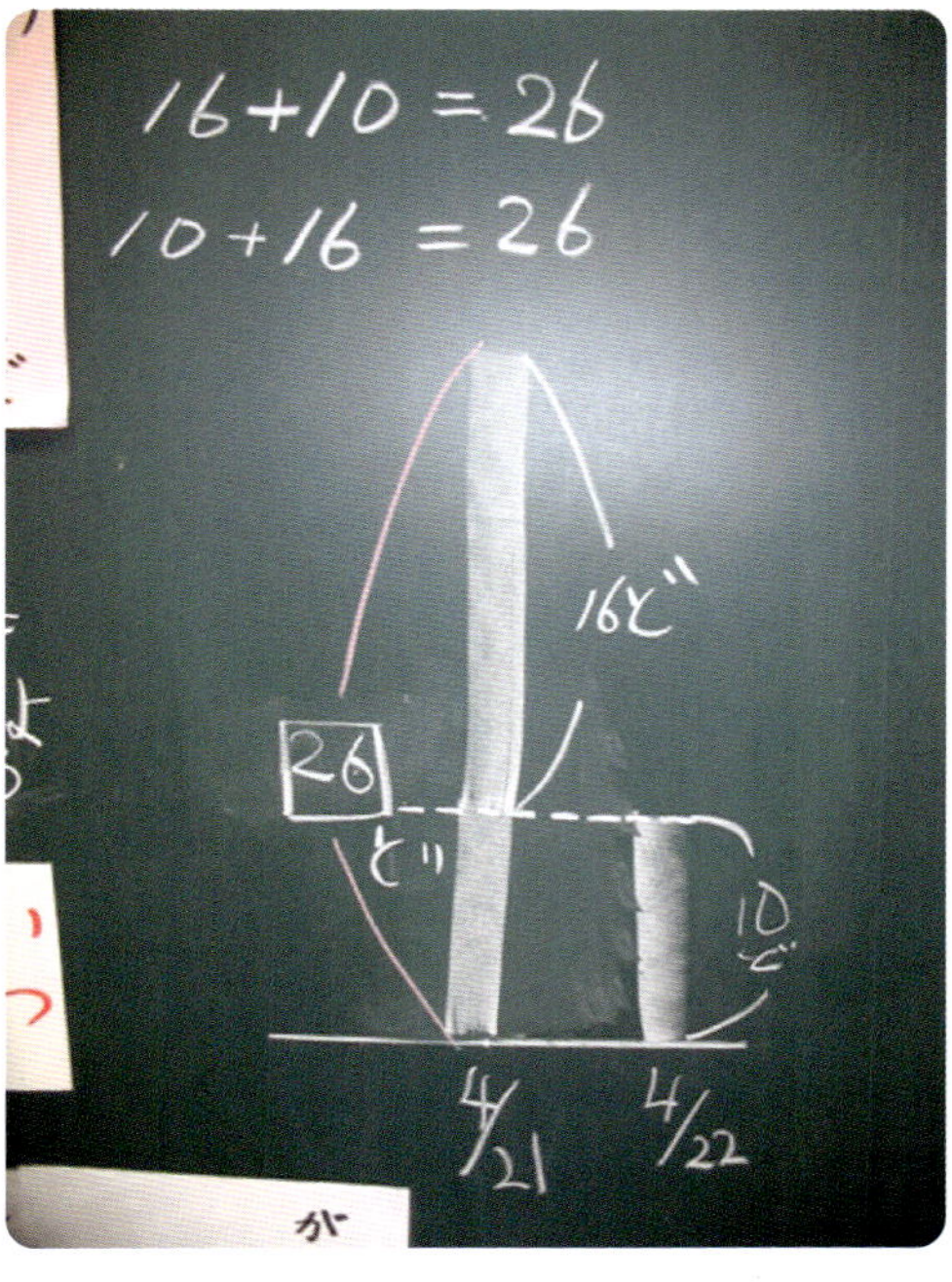

①

身近なものについて、ことばで説明できる力を育む

例　おりたたみがさ

二月二十六日（金）　曇り　最高気温　十一度

天気予報

今日は雲の広がるすっきりしない天気です。にわか雨の可能性があるため、外出の際は折りたたみ傘をお供に。昼間も寒いため、防寒は万全にしてください。

扱うことばの例

- すっきりしない天気
- にわか雨
- おりたたみがさ

くもりの日の天気予報（話のやりとり例）

すっきりしない天気ってどんな天気かなあ？

→日ざしがでないどんよりとした天気

にわか雨ってどんな雨？

→きゅうにふりだして、まもなくやむ雨のこと。

おりたたみがさってどんなかさ？

→小さくおりたたむことができるかさ

おりたたみがさはどんなときに使うの？

→きゅうに雨がふってきたときなどにかばんから出してつかう。

板書例

小学校（小学部）低学年の黒板

二月二十六日（金）　日ちょく　〇〇

きょうは、くものひろ〇〇、すっ〇〇しない天気です。に〇〇雨のかのうせいがあるので、がいしゅつのさいは、おり〇〇みがさをおともにするといいでしょう。

がる　きり　わか　たた

すっきりしない天気

→日ざしがでないどんよりとした天気

にわか雨

→きゅうにふりだして、まもなくやむ雨。

おりたたみがさ

→小さくおりたたむことができるかさ

→きゅうに雨がふってきたときなどにかばんから出してつかう。

教科との関連がある内容①

理科との関連

一月八日（金）晴れ　最高気温　七度

天気予報
今日は晴れて冬の日差しが届きます。昼間も気温は上がらず、身の引き締まる厳しい寒さに。強い冷え込みにより水道管凍結の恐れがあるのでご注意ください。

扱うことばの例

- 身の引き締まる
- 厳しい寒さ
- 凍結

冬の日の天気予報（話のやりとり例）

今日は、どれぐらい寒いのかなあ？
→身が引き締まるぐらいの厳しい寒さ
　水道管が凍結する恐れがあるくらいの寒さ
水道管が凍結するってどうなること？
→水道のじゃ口をひねっても、水道管の水が凍って
　でなくなること。
水道管が凍結するぐらいの寒さって気温がどれぐらいなんだろう？
→氷点下四度を下回った時って言われてるよ。

板書例

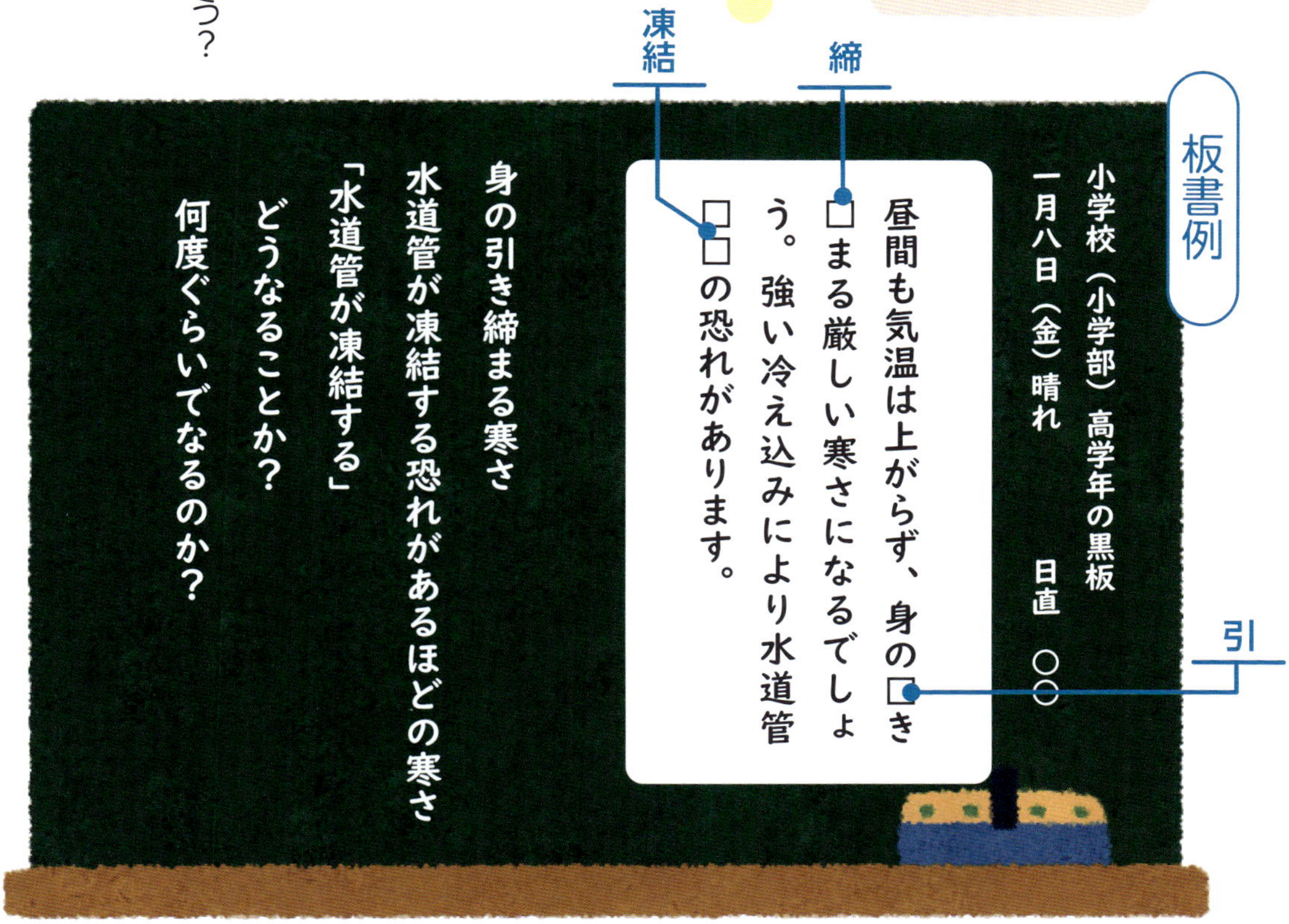
凍結
締
引
小学校（小学部）高学年の黒板
一月八日（金）晴れ　日直　〇〇
昼間も気温は上がらず、身の□き
□まる厳しい寒さになるでしょ
う。強い冷え込みにより水道管
□□の恐れがあります。
身の引き締まる寒さ
水道管が凍結する恐れがあるほどの寒さ
「水道管が凍結する」
どうなることか？
何度ぐらいでなるのか？

②

教科との関連がある内容②

理科との関連

一月九日（土）晴れ　最高気温　八度

天気予報
今日も晴れて冬の日差しが届きます。厳しい寒さが続くので万全な防寒を。空気は乾燥するので、肌のお手入れはもちろんのこと火の取り扱いにもご注意ください。

扱うことばの例

空気は乾燥

肌のお手入れ

火の取り扱い

冬の日の天気予報（話のやりとり例）　理科と関係する内容

空気が乾燥するから気を付けることは？
→肌のお手入れ・火の取り扱い
どうして空気が乾燥すると、肌の手入れをしないといけないの？
→肌の水分が蒸発しやすくなって、かさついたりしてしまうから。
どうすればいい？
→ハンドクリームを塗ったり、加湿器を置いて、空気の乾燥をふせぐ。
どうして空気が乾燥すると火の取り扱いに気を付けないといけないの？
→空気が乾燥していると物が燃えやすいし、広がりやすいから。
→乾燥しやすい冬は暖房器具をよく使うから。

家庭でもできる！

冬は空気が乾燥するから、どうすればいいと思う？

教科との関連がある内容③

理科との関連

一月十三日（水）晴れ　最高気温　十一度

天気予報
すっきりと青空が広がります。空気はひんやりとしても日向では日差しの温もりが感じられそう。朝晩はぐっと冷え込むので防寒は欠かせません。

扱うことばの例

すっきり　ひんやり　日なた　ぐっと

冬の日の天気予報（話のやりとり例）

小三理科と関係する内容（日なたと日かげをくらべよう）

「すっきり」ってどんな様子の時に使う？

→さっぱりして気持ちの良い様子の時に使う。

つめたく感じる様子のことで、「ひ」から始まることばを知ってる？

→ひんやり

「日なた」ってどんなところ？

→日光の当たるところ

日光が当たらないところはなんて言うの？

→日かげ

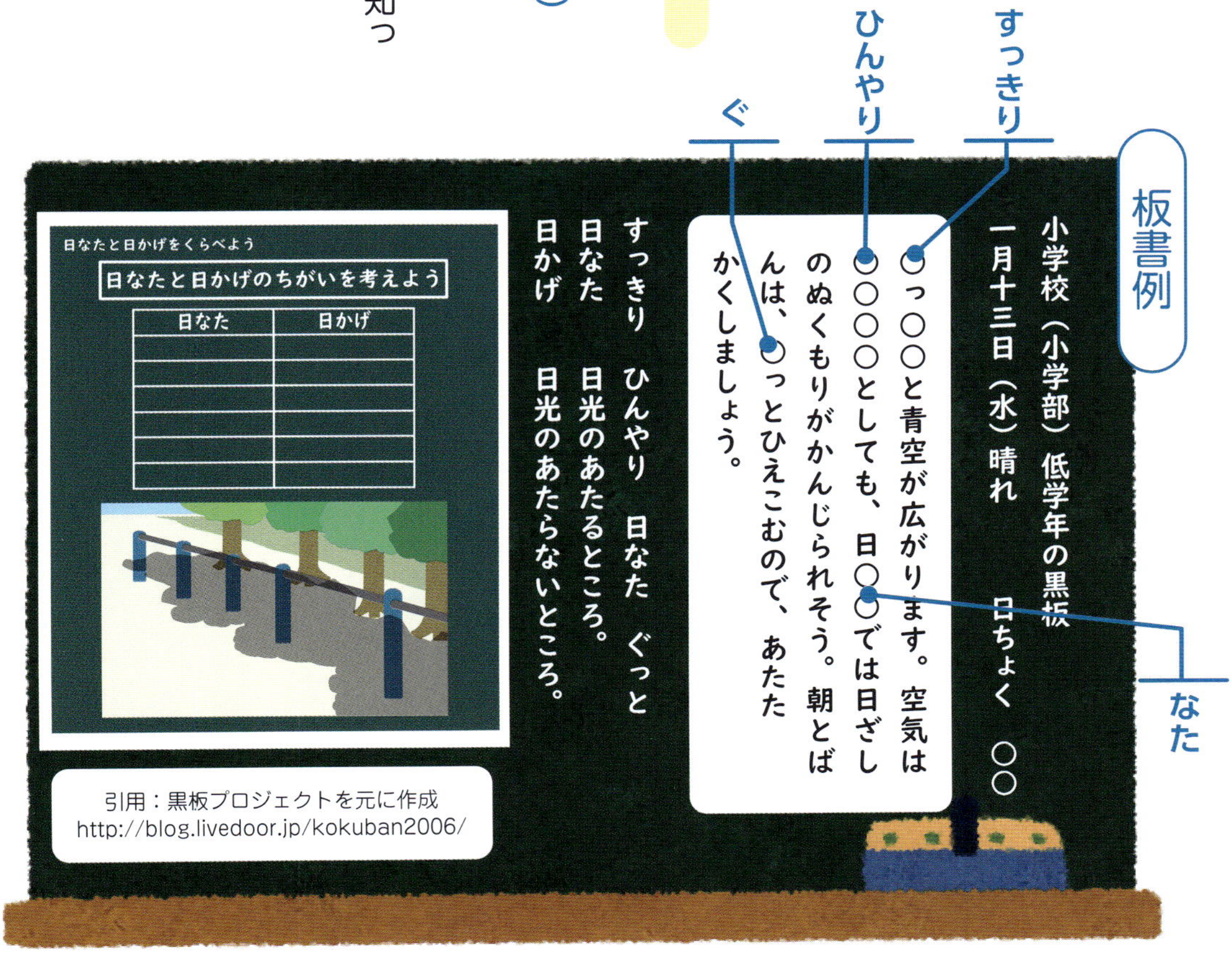
板書例
すっきり
ひんやり
ぐ
なた
小学校（小学部）低学年の黒板
一月十三日（水）晴れ　日ちょく　〇〇
〇っ〇〇と青空が広がります。空気は〇〇〇〇としても、日〇〇では日ざしのぬくもりがかんじられそう。朝とばんは、〇っとひえこむので、あたたかくしましょう。
すっきり　ひんやり　日なた　ぐっと
日なた　日光のあたるところ。
日かげ　日光のあたらないところ。
日なたと日かげをくらべよう
日なたと日かげのちがいを考えよう
日なた
日かげ

引用：黒板プロジェクトを元に作成
http://blog.livedoor.jp/kokuban2006/

②
教科との関連がある内容④
社会科との関連

二月十七日（水）　晴れ時々曇り　最高気温　十一度

天気予報
関東は、晴れますが、前日と比べ気温は大幅にダウンしていきます。その他も全国各地、冬を思い出す寒さになりますので、防寒を万全にお過ごし下さい。

扱うことばの例
- 関東
- 前日と比べ
- 大幅にダウン
- 冬を思い出す寒さ

社会科とのつながり
冬の日の天気予報（話のやりとり例）

関東というのは、この日本地図のどのあたり？関東地方に入る県などを言ってみて。
→（地図で指し示せるか）
茨城県、栃木県、群馬県、千葉県、東京都、埼玉県、神奈川県（通常一都六県をさす。）

「比べ」を使って、文をつくってみて。
例文　この新しいペンは、今まで使っていたペンに比べ書きやすい。

「気温は大幅にダウン」というのは、どういうことか？
→気温が大きく下がること。

「冬を思い出す寒さ」
→すこし暖かくなってきたころだが、寒さがきびしい冬の時期を思い出す寒さということ

板書例

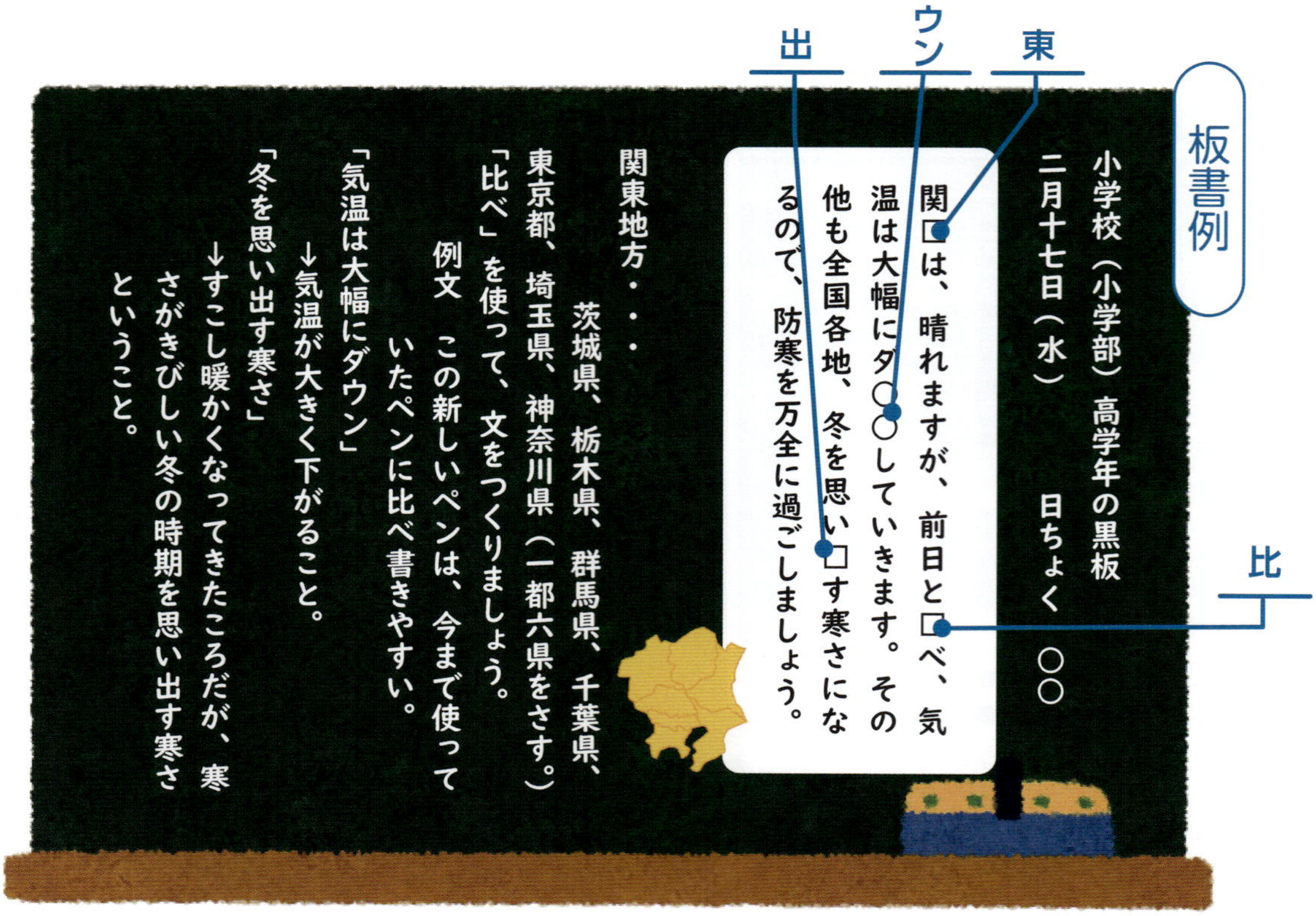
小学校（小学部）高学年の黒板
二月十七日（水）　日ちょく　〇〇
関□は、晴れますが、前日と□べ、気温は大幅にダ〇〇していきます。その他も全国各地、冬を思い□す寒さになるので、防寒を万全に過ごしましょう。
東
ウン
出
比
関東地方・・・
茨城県、栃木県、群馬県、千葉県、東京都、埼玉県、神奈川県（一都六県をさす。）
「比べ」を使って、文をつくりましょう。
例文　この新しいペンは、今まで使っていたペンに比べ書きやすい。
「気温は大幅にダウン」
↓気温が大きく下がること。
「冬を思い出す寒さ」
↓すこし暖かくなってきたころだが、寒さがきびしい冬の時期を思い出す寒さということ。

2 教科との関連がある内容⑤

社会科との関連

二月十八日（木）　晴れ時々曇り　最高気温　九度

天気予報
日中、青空が広がっているものの気温が上がっておらず、さらに東京湾周辺や北部の平野部では風がやや強く吹いて、空気が冷たいままです。

扱うことばの例
- さらに
- 東京湾周辺
- 平野部

社会科とのつながり
冬の日の天気予報（話のやりとり例）

ここでの「さらに」は他のことばで言うと？
↓その上に
「さらに」を使って、文をつくってみて。
例文　ごはんにふりかけをかけて、さらに納豆ものせた。
東京湾周辺って例えばどのあたり？
↓お台場、豊洲、羽田…
平野ってどんなところ？
↓たいらに広い土地
平野と言えば、平野の名前知ってるだけ言って。
↓関東平野、十勝平野、濃尾平野、石狩平野、庄内平野…

板書例

小学校（小学部）高学年の黒板
二月十八日（木）　日ちょく　○○

日中、青空が広がっているも○○、気温が上がっておらず、さら◎東□湾周辺や北部の平□部では風がやや強く吹いて、空気が冷たいままです。

の の　に　京　野

「さらに」は他のことばで言うと？
↓その上に
「さらに」を使って、文をつくろう
ごはんにふりかけをかけて、さらに納豆ものせた。
東京湾周辺
お台場、豊洲、羽田…
平野　たいらに広い土地
関東平野、十勝平野、濃尾平野、石狩平野、庄内平野…

教科との関連がある内容⑥

社会科との関連

二月十九日（金）　晴れ　　最高気温　十二度

天気予報

北日本日本海側は引き続き雪が降りますが、止む時間が増えていく見込みです。荒れた天気も落ち着くため、雪かきのチャンスとなりそうです。なるべく複数人で声をかけ合い、周囲の状況に気をつけて作業を進めてくださいね。

扱うことばの例

- 日本海側
- 雪かきのチャンス
- 複数人
- 声をかけ合い
- 周囲の状況
- 作業

社会科とのつながり

冬の日の天気予報（話のやりとり例）

北日本の日本海側ってたとえばどこ？

→青森県、秋田県、山形県、新潟県の日本海側

どうして雪かきのチャンスなの？

→雪がやむ時間が増え、荒れた天気も落ち着きそうだから。

どうして複数人で声を掛け合うの？

→事故を防ぐため。一人で雪かきをしていて、例えばけがをしたり、雪に埋もれたりすることがないように。

周囲の状況って例えば？

→雪が多くならないか、吹雪がないか、仲間の様子

板書例

小学校（小学部）高学年の黒板

二月十九日（金）　日ちょく　〇〇

北日本の□□海側は引き□〇雪が降りますが、止む時間が増えていく見〇みです。荒れた天気も落ち着くため、雪〇〇のチャンスとなりそうです。なるべく複□人で声をかけ合い、周囲の状況に気をつけて□ぎょうを進めましょう。

日本　込　かき　数　作　続き

北日本の日本海側
　青森県、秋田県、山形県、新潟県の日本海側
どうして雪かきのチャンスなのか？
　雪がやむ時間が増え、荒れた天気も落ち着きそうだから。
どうして複数人で声を掛け合うのか？
　事故を防ぐため。一人で雪かきをしていて、けがをしたり、雪に埋もれたりすることがないように。
周囲の状況
　雪が多くならないか
　吹雪がないか
　仲間の様子

教科との関連がある内容⑦

社会科との関連

十一月三日(水・祝日) 晴れ時々曇り 最高気温 二十一度

天気予報

関東以西の太平洋側は秋晴れとなります。昼間は20℃を超えるところが多く、上着なしでも快適に過ごせそうです。11月3日のきょうは、「文化の日」ですね。国民の祝日ということでお休みの方が多いのではないでしょうか?お休みの方は何かご予定はありますか?晴れるところでは、外でご飯を食べるのも気持ちが良さそうですね!あと、紅葉を見に行くと綺麗な写真が撮れそうです。

扱うことばの例

関東以西　太平洋側　快適

十一月の天気予報

「関東以西」の読み方と、どういう意味?

→かんとういせい、関東をふくめ、関東より西

「太平洋側」というのは?

→太平洋に面している都道府県。具体的には、北海道、青森県、岩手県、宮城県、福島県、茨城県、千葉県、東京都、神奈川県、静岡県、愛知県、三重県、和歌山県、徳島県、高知県、愛媛県、大分県、宮崎県、鹿児島県、沖縄県

「快適」というのは?

→気持ちよく楽しいようす。

この天気予報の話に合った絵を描いてみよう。(紅葉を見に行った際の写真の絵を描いてみましょう。)

家庭でもできる!

天気予報で言ってたけど、紅葉を見に行くと綺麗な写真が撮れそうですって!どんな写真が撮れるかな?

②

教科との関連がある内容⑧

社会科との関連

十二月二十六日（日）　曇りのち晴れ　最高気温　六度

天気予報

関東や西日本の太平洋側は冬晴れの所が多くなりますが、気温が上がりません。万全の防寒でお過ごしください。今回の寒波は週明けの28日火曜日頃にかけて続き、新たに積もる雪の量は北陸の山沿いで１ｍを超える予想となっています。こまめな雪かきが必要となりますが、安全を確保して必ず複数人で行ってください。

扱うことばの例

- 冬晴れ
- 万全
- 超える
- こまめな雪かき
- 確保

十二月の天気予報

「冬晴れ」というのは？
→穏やかによく晴れわたった冬の天気。

「万全」というのは？
→少しも手落ちのないこと。

「超える」と「越える」の使い方を話して？
→「超える」は、「定員を超える」「八十歳を超える」「人間の能力を超えた問題」のようなときに使う。「越える」は、「山を越える」「国境を越える」「年を越える」のようなときに使う。

「こまめな雪かき」というのは？
→たくさんつもらないうちに、時々雪かきをするということ。

「確保」というのは？
→しっかりと手に入れること。

家庭でもできる！

天気予報で言ってたけれど、北陸の山沿いでは、新たに積もる雪の量が、１ｍを超える予想となってるんだって！このときの「こえる」は「超える」って書くよ。

③ 考えさせることができる内容①

二月十一日（祝日・木）　晴れ　最高気温　十四度

天気予報

明日は平日なのであまり何もできないかもしれないですが、晴れる所も多いので掃除や洗濯など日差しを活用しつつゆっくりと体を休めてください。

扱うことばの例

- 平日
- あまり
- 活用しつつ

休日の天気予報（話のやりとり例）

どうして、明日が平日だとあまり何もできないかもしれないの？

→今日遊びすぎたり、遠出したりすると明日の仕事や学校に影響が出るから。

どうして、ゆっくり体を休めるの？

→明日は金曜日で仕事や学校があるから。

家庭でもできる！

天気予報で「明日は平日なのであまり何もできないかも」って言ってたんだけれど、どうして今日は何もできないかもしれないのかなあ？

③

考えさせることができる内容②

二月二十四日（水）　晴れ　　最高気温　　十二度

天気予報

関東や四国、九州ではここ数日の暖かさに誘われて、春先によく見られるツクシが一足早く姿を現しているようです。暖かな陽気の日には、お家の近くで小さな春を探してみるのも良いかもしれません。

扱うことばの例

- ここ数日
- 暖かさに誘われて
- 春先
- 一足早く
- 小さな春

春が近づく日の天気予報（話のやりとり例）

「ここ」というのはどういうことば？

→現在の時点に近い時点を指すことば。今に近い時を指すことば。

暖かさに誘われたのはなあに？

→ツクシ

春先っていつ？

→春のはじめ

「一足早く」というのは？

→すこし早くということ

「小さな春」というのは、例えばどんなもの？

→早咲きのサクラ　菜の花、フキノトウ、オオイヌノフグリ等

板書例

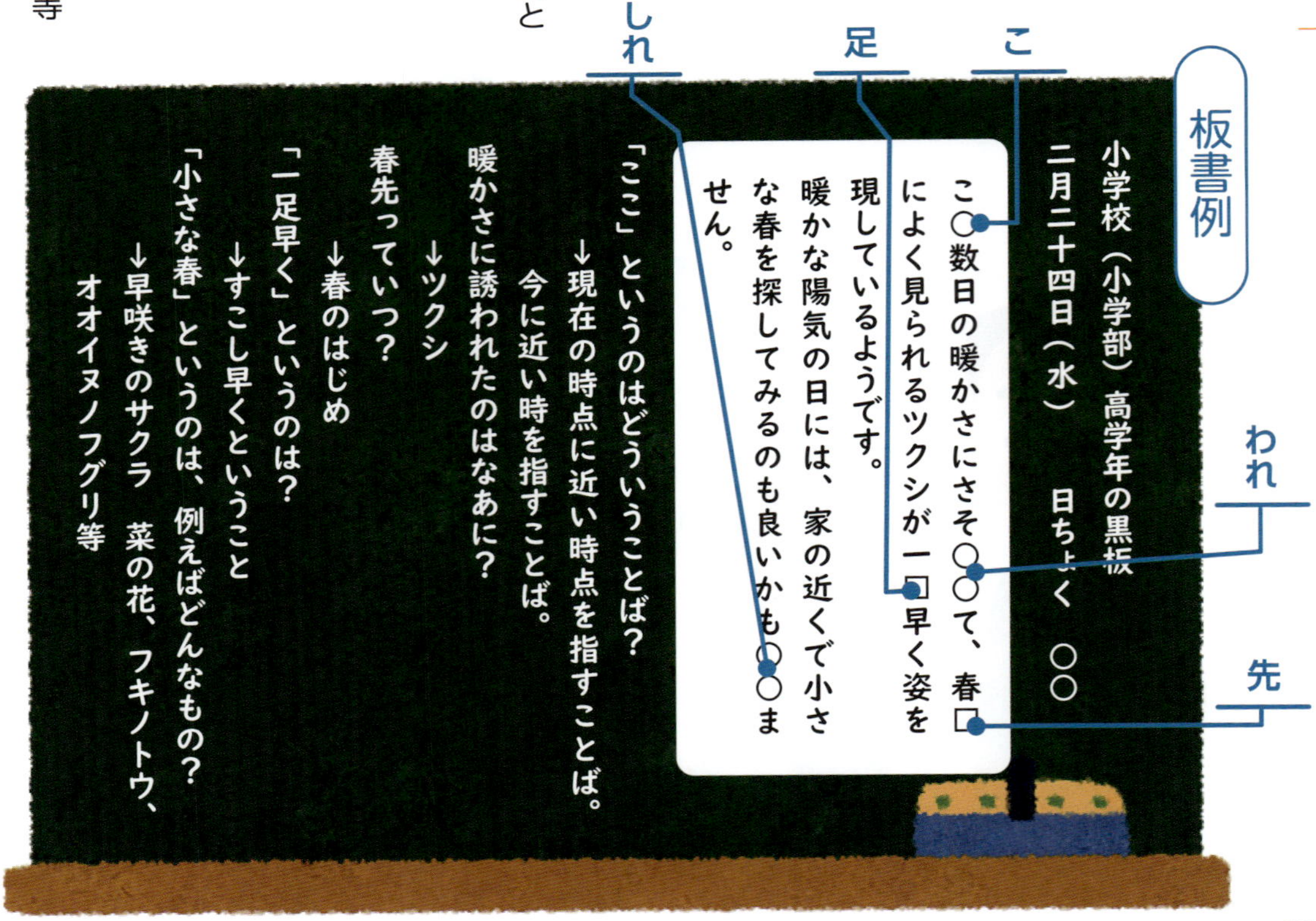

小学校（小学部）高学年の黒板
二月二十四日（水）　日ちょく　○○
こ○数日の暖かさにさそ○○て、春□によく見られるツクシが一□早く姿を現しているようです。暖かな陽気の日には、家の近くで小さな春を探してみるのも良いかも○○ません。
こ
われ
先
足
しれ
「ここ」というのはどういうことば？
→現在の時点に近い時点を指すことば。
今に近い時を指すことば。
暖かさに誘われたのはなあに？
→ツクシ
春先っていつ？
→春のはじめ
「一足早く」というのは？
→すこし早くということ
「小さな春」というのは、例えばどんなもの？
→早咲きのサクラ　菜の花、フキノトウ、オオイヌノフグリ等

③ 考えさせることができる内容③

五月十一日（火）　曇り時々雨　最高気温　十八度

天気予報
今日は雲が広がってにわか雨の可能性があります。外出時は折りたたみ傘をお供に。前日より気温が下がって薄着だと少しヒンヤリ感じそう。体調管理に注意。

扱うことばの例
- お供に
- 薄着

雨が降るかもしれない日の天気予報（話のやりとり例）

「お供に」ってどういうこと？
↓目上の人についていくこと。また、ついていく人。

「お供」を使って文を作りましょう。
↓お父さんのお供をして買い物に行く。

「薄着」っていうのは？
↓少ししか衣服を着ないこと

「薄着」の反対は？
↓厚着

今の時期、薄着といったら、例えばどんな服装？
↓ワイシャツ姿とか、ポロシャツ姿

板書例

小学校（小学部）高学年の黒板

五月十一日（火）　日ちょく　○○

今日は雲が□がってに○○雨の可能性があります。外出時は折りたたみ傘をお□にしましょう。前日より気温が下がって○○着だと少しヒンヤリ感じそう。

（広）（わか）（供）（うす）

「お供に」
↓目上の人についていくこと。また、ついていく人。

「お供」を使って文づくり
↓お父さんのお供をして買い物に行く。

「薄着」
↓少ししか衣服を着ないこと

「薄着」の反対は？
↓厚着

今の時期、うす着といったら、例えばどんな服装？
↓ワイシャツ姿とか、ポロシャツ姿

③

考えさせることができる内容④

五月二十日（木）　曇りのち雨　最高気温　二十二度

天気予報

梅雨前線が北上し、西日本・東日本は広く雨が降ります。大雨のおそれがありますので、道路冠水、低地の浸水、河川増水・氾濫、土砂災害に警戒してください。飛ばされやすいものは家の中にしまうなど対策を早めにしてください。

扱うことばの例

道路冠水　低地の浸水　河川増水　氾濫　警戒

梅雨の時期の天気予報（話のやりとり例）

「道路冠水」って道路がどうなること？
　↓下水道から道路に水があふれ出し、道路を洪水のようにおおいつくしてしまうこと。
「低地の浸水」ってどうなること？
　↓高さの低い土地が水にひたること。
「河川増水」ってどうなること？
　↓川の水の量が増えること。
「氾濫」ってなあに？
　↓水がいっぱいになって、あふれ出すこと。
「警かいする」は、他のことばで言うと？
　↓わるいことが起きないよう用心すること。
どんなものが飛ばされやすいかな？
　↓植木鉢　など

板書例

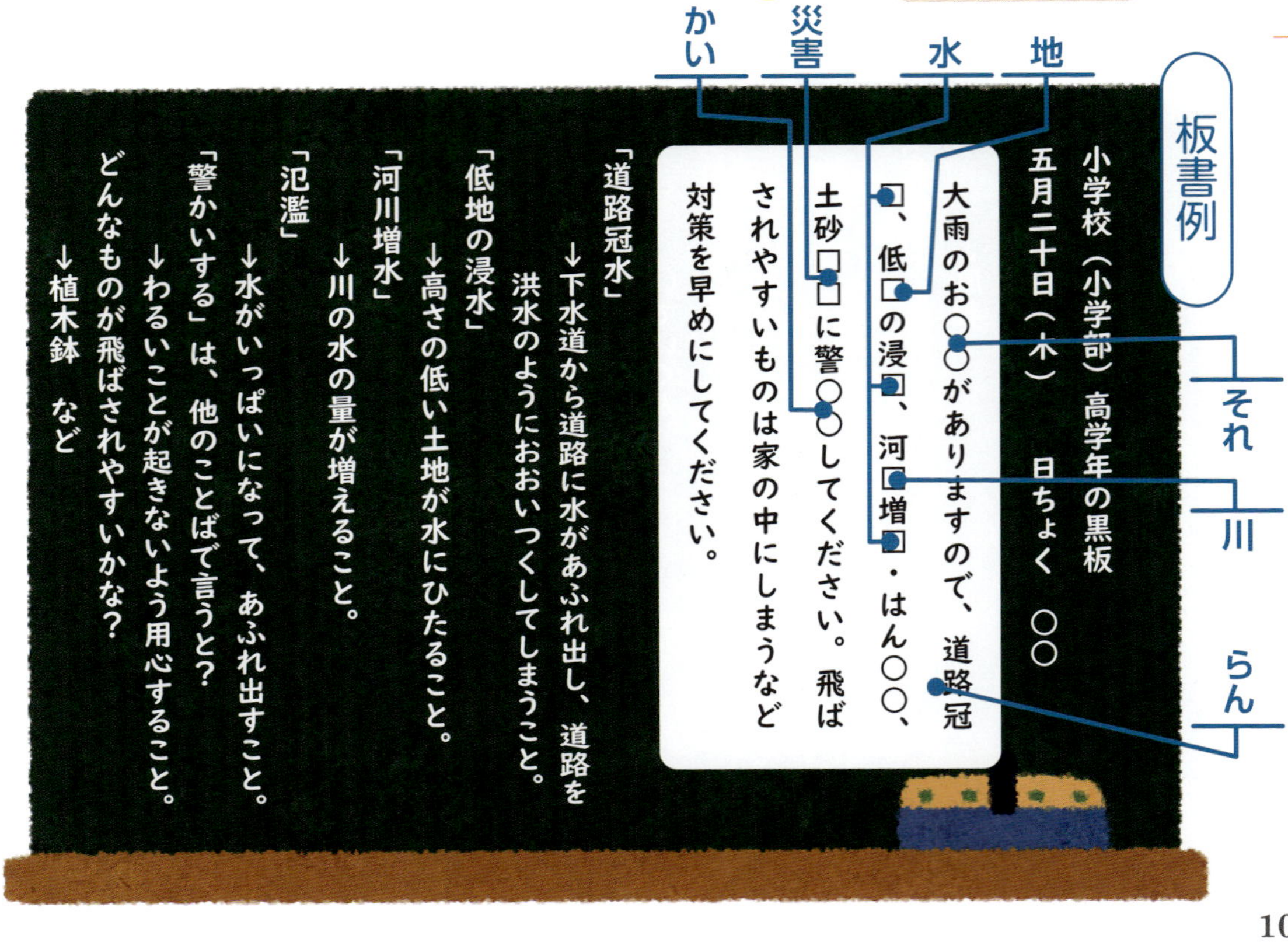

小学校（小学部）高学年の黒板
五月二十日（木）　日ちょく　○○
大雨のお○○がありますので、道路冠□、低□の浸□、河□増□・はん○○、土砂□□に警○○してください。飛ばされやすいものは家の中にしまうなど対策を早めにしてください。
「道路冠水」
↓下水道から道路に水があふれ出し、道路を洪水のようにおおいつくしてしまうこと。
「低地の浸水」
↓高さの低い土地が水にひたること。
「河川増水」
↓川の水の量が増えること。
「氾濫」
↓水がいっぱいになって、あふれ出すこと。
「警かいする」は、他のことばで言うと？
↓わるいことが起きないよう用心すること。
どんなものが飛ばされやすいかな？
↓植木鉢　など
地
水
災害
かい
それ
川
らん

③ 考えさせることができる内容⑤

五月二十五日（火）　晴れ時々曇り　最高気温　二十七度

天気予報

今日は晴れて穏やかな空が広がります。昼間は日差しの下では少し暑く感じられそうなので、調節のしやすい服装を。紫外線が強いため対策を万全に行ってください。

扱うことばの例

穏やかな　調節　紫外線　万全に

五月の時期の天気予報（話のやりとり例）

「穏やかな空」ってどんな空？
→安定して晴れている空
「調節」を使って文を作ってみよう。
→部屋の温度を調節する。
「紫外線」ってどんな光線なの？
→目に見えない光線で、ばいきんをころす力が強く、日焼けを起こす光線。
「万全」を使って文を作ってみよう。
→テストに向けて、万全の準備をする。
どんな対策をすればいいか？
→日焼け止めクリームをぬる。日傘をさす。帽子をかぶる。等

板書例

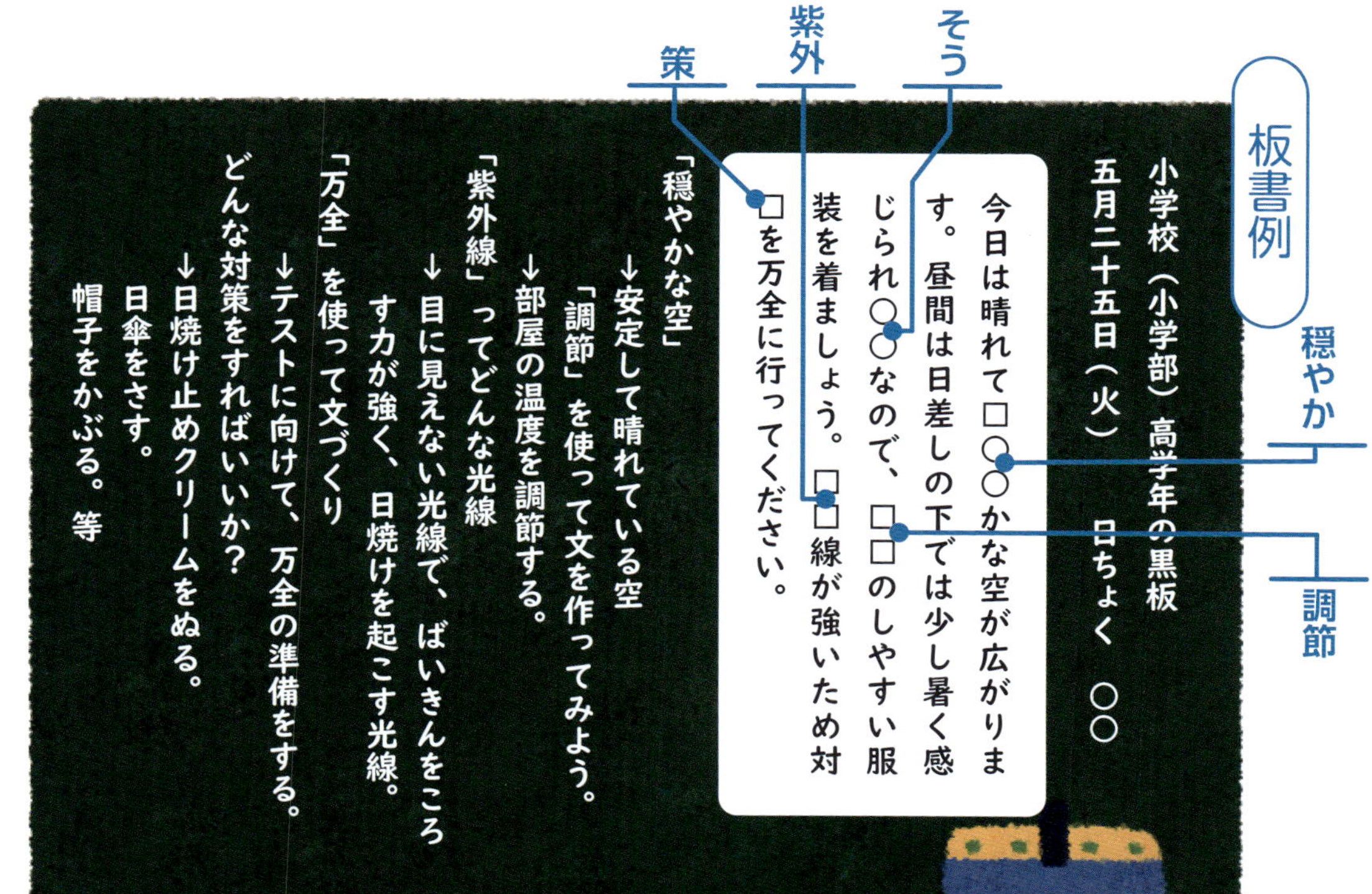

小学校（小学部）高学年の黒板
五月二十五日（火）　日ちょく　○○
今日は晴れて□○○かな空が広がります。昼間は日差しの下では少し暑く感じられ○○なので、□□のしやすい服装を着ましょう。□□線が強いため対□を万全に行ってください。
穏やか
調節
紫外
そう
策
「穏やかな空」
→安定して晴れている空
「調節」を使って文を作ってみよう。
→部屋の温度を調節する。
「紫外線」ってどんな光線
→目に見えない光線で、ばいきんをころす力が強く、日焼けを起こす光線。
「万全」を使って文づくり
→テストに向けて、万全の準備をする。
どんな対策をすればいいか？
→日焼け止めクリームをぬる。
日傘をさす。
帽子をかぶる。　等

③

考えさせることができる内容⑥

七月二十五日（日）　雨のち晴れ　　最高気温　三十三度

天気予報

今日も各地で夏の厳しい暑さとなります。35℃以上の猛暑日となるところもありそうです。お休みの日は特に夜更かしをしてしまいがちですが、暑さに負けないためにも規則正しい生活を心がけたいですね！

扱うことばの例

- 猛暑日のところ
- 夜更かし
- 規則正しい生活

夏の天気予報（話のやりとり例）

「猛暑日」ってどういう日？

→一日の最高気温が三十五度以上の日

「夜更かし」ってどういうこと？

→夜遅くまで起きていること。

「夜更かし」を使って文を作ってみよう。

→テレビにむちゅうで、つい夜更かしする。

「規則正しい生活」ってどんな生活なの？

→毎朝決まった時刻に起きて、だいたい決まった時刻に寝る。三食しっかりとる。など

家庭でもできる！
天気予報で言ってたけど、暑さに負けないためにも規則正しい生活を心がけたほうがいいって！規則正しい生活って例えばどういうのかなあ？

考えさせることができる内容⑦

八月八日（日）　雨のち曇り　最高気温　三十度

天気予報

台風９号と10号の動向に注意が必要です。台風10号は朝を中心に関東や伊豆諸島に接近します。雨や風が強まるおそれがあるので注意が必要です。ただ、遠ざかっていくと、午後は日差しが届くことがあります。傘の置き忘れにお気を付けください。台風９号は夜になると九州に接近し、上陸する可能性がありそうです。本降りの雨となり荒天となるおそれがあります。

扱うことばの例

動向　接近　おそれ　遠ざかる　置き忘れ　上陸　本降り

台風時の天気予報（話のやりとり例）

「動向」っていうのは？
→人や社会の動く方向。なりゆき。

「接近」というのは？
→近づくこと。

「おそれ」っていうのは？
→よくないことが起こるのではないかという心配。

「遠ざかる」っていうのは？
→遠くにはなれる。遠のく。

どうして「置き忘れ」るのかなあ？
→午前中は台風のため、荒れた天気なのが、午後は回復するので、持って行った傘を行った場所の傘立てに置いたままにしてしまうかもしれないから。

家庭でもできる！

天気予報で言ってたけど、午後は台風が遠ざかるって。傘の置き忘れに注意って。どうしてかわかる？

考えさせることができる内容⑧

八月十一日（水） 晴れ時々曇り 最高気温 三十四度

天気予報
今日は日差しが届いても、段々と薄い雲が広がります。昼間は厳しい残暑。明日以降はすっきりしない天気が続くため、日差しの有効活用がおすすめです。

扱うことばの例
- 厳しい
- 残暑
- 以降
- すっきり
- 有効活用
- すすめ

夏の天気予報（話のやりとり例）

「厳しい暑さの〝厳しい〟」っていうのは?
↓はげしい。ひどい。
「残暑」っていうのは?
↓立秋が過ぎてもまだ残る、秋のはじめの暑さ。
「以降」っていうのは?
↓それからあと。
「以降」を使って文をつくってみよう。
↓明日以降は晴れます。
「すっきり」
↓さっぱりして、気持ちのよいようす。
「日差しの有効活用」とは、具体的に言うと?
↓洗濯をしておく。ふとんを干しておく。外で体を動かしておくなど。
「すすめ」というのは?
↓すすめること。さそうこと。

板書例

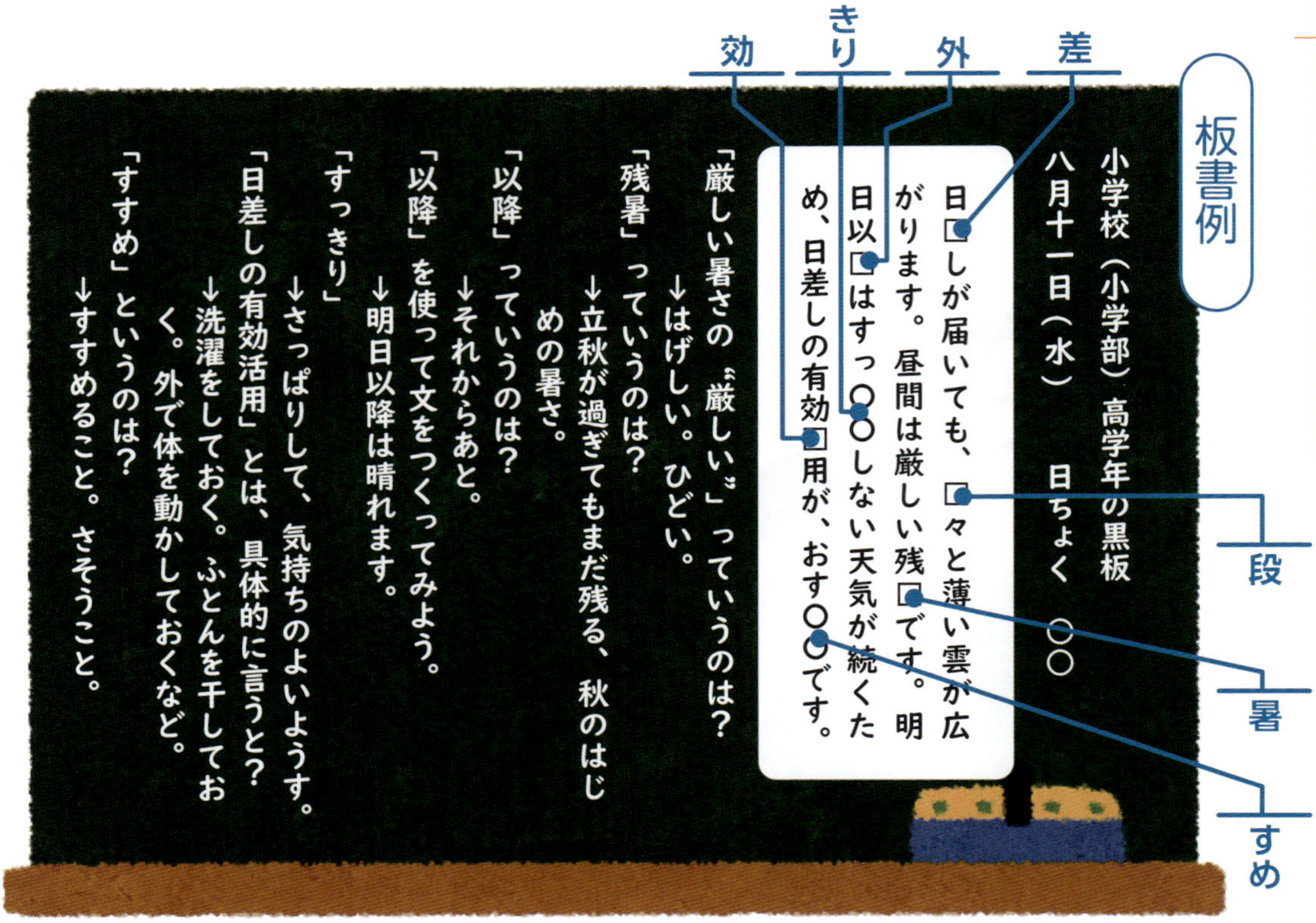
小学校（小学部）高学年の黒板
八月十一日（水） 日ちょく ○○
日□しが届いても、□々と薄い雲が広がります。昼間は厳しい残□です。明日以□はすっ○○しない天気が続くため、日差しの有効□用が、おす○○です。
差
外
きり
効
段
暑
すめ
「厳しい暑さの〝厳しい〟」っていうのは?
↓はげしい。ひどい。
「残暑」っていうのは?
↓立秋が過ぎてもまだ残る、秋のはじめの暑さ。
「以降」っていうのは?
↓それからあと。
「以降」を使って文をつくってみよう。
↓明日以降は晴れます。
「すっきり」
↓さっぱりして、気持ちのよいようす。
「日差しの有効活用」とは、具体的に言うと?
↓洗濯をしておく。ふとんを干しておく。外で体を動かしておくなど。
「すすめ」というのは?
↓すすめること。さそうこと。

③ 考えさせることができる内容⑨

八月二十九日（日）　晴れ時々曇り　最高気温　三十三度

天気予報

今日は日差しが届いても急な雨の可能性あり。折りたたみ傘があると安心です。厳しい残暑が続くので夏バテ対策に焼肉でスタミナをつけるのも良さそうです。

扱うことばの例

- 安心
- 厳しい残暑
- 夏バテ対策
- スタミナをつける

夏の日の天気予報（話のやりとり例）

「安心」というのは？

→心配がなく、心が安らかなこと。

「厳しい残暑」というのは？

→秋の初めのひどい暑さ

どんな「夏バテ対策」があるかなあ？

→とろろやなっとうなど、ねばねばの食材をとる。トマトやかぼちゃなど、ビタミンCが含まれる食材をとる。うなぎや豚肉、レバーなどスタミナ系食材をとる。など

「スタミナ」っていうのは？

→体力とがんばりぬく力。粘り強さ。

家庭でもできる！
天気予報で言ってたけど、夏バテ対策に、焼肉でスタミナをつけるのもいいですねって。他には夏バテ対策にどんなもの食べたらいいかなあ。

考えさせることができる内容⑩

十月九日（土） 晴れのち曇り 最高気温 二十六度

天気予報

関東や東北南部では雲が多く、にわか雨の可能性があります。西日本太平洋側や中部でも急な雨が心配ですので、洗濯物を干す際は空の変化にお気をつけください。

扱うことばの例

東北南部　西日本太平洋側　中部地方　空の変化

地区がたくさん出る天気予報（話のやりとり例）

「東北南部」というのは、だいたいどのあたり？

→山形県、宮城県、福島県あたり。

「西日本太平洋側」というのはどこ？

→近畿地方の太平洋側、山陽地方、四国地方、九州南部地方。

「中部地方」っていうのはどこ??

→本州の中央で、新潟・富山・石川・福井・長野・山梨・静岡・岐阜・愛知の九県がある。

「空の変化」と書いてあるけど、空がどうなったらどうするの？

→空を時々見て、雲が多くなったり、空が暗くなったりしたら洗濯物を取り込む。

家庭でもできる！
天気予報で言ってたけど、急な雨が降るかもしれないって。空の変化を気にしてましょうね。空がどうなったら洗濯物を取り込んだらいい？

3

考えさせることができる内容⑪

十月十日（日）　曇りのち晴れ　最高気温　二十六度

天気予報
今日の午前中はパラパラ、サーっとにわか雨の可能性がありますす。折りたたみ傘がお守り。午後からは日差しが届きそうです。朝は涼しくても、昼間は暑くなります。

扱うことばの例
パラパラ　サーっ　お守り　涼しい

十月の天気予報（話のやりとり例）

「パラパラ」って、雨のどんな降り方かな？
→まばらにみだれ落ちるようす。
「サーっと」というのは雨のどんな降り方？
→にわか雨の降るようす。
他には、どんな雨の降り方がある？
→ポツポツ、しとしと、ドーーーッ、ゴーーーーー
「お守り」ってなあに？
→神や仏に守ってもらうために身に付けるふだ。
「涼しい」というのは？
→ひややかで気持ちがいい。

家庭でもできる！

天気予報で言ってたけど、パラパラ、サーっとにわか雨の可能性があるんだって。きょうは、どう過ごそうか？

③

考えさせることができる内容⑫

十一月十三日（土）　晴れ　最高気温　十七度

天気予報

今日はすっきりと晴れて穏やかな空。紅葉狩りも良さそうです。朝晩は寒くても、昼間は日差しが暖か。空気が乾燥しているため、体調管理を万全に行ってください。

扱うことばの例

すっきり　おだやかな　もみじがり
空気がかんそう　ばんぜん

十月の天気予報（話のやりとり例）

「すっきり」というのは、どんなようす？
→さっぱりしてきもちのよいようす。

「おだやかな」というのは
→なにごともなく、しずかなようす。

「もみじがり」というのは？
→秋のこうようを見てたのしむこと。

空気がかんそうすると、どんなことになりやすいの？
→かぜをひきやすくなる。インフルエンザなどのウイルスにかかりやすくなる。はだがあれやすくなる。火事が起きやすい。

「ばんぜん」というのは？
→すこしもておちのないこと。

家庭でもできる！

天気予報で言ってたんだけど、空気がかんそうしてるんだって。空気がかんそうすると…？　どうなるの？

③

考えさせることができる内容⑬

十一月十五日（月）　晴れ　最高気温　二十度

天気予報

関東より西のエリアでは、晴れて日差しが届きます。朝晩と日中の気温差が大きいので服装で上手に調節しましょう。さて最近は空気が乾燥してきたと感じることはありませんか？火の取り扱いに注意が必要ですし、乾燥対策も欠かせません。のどやお肌のケアをしっかりと行いましょう。

扱うことばの例

- 調節
- 火の取り扱い
- 乾燥対策
- ケア

十一月の天気予報（話のやりとり例）

「調節」っていうのは？
→物ごとをぐあいよくととのえること。

「火の取り扱い」というのは
→ストーブの扱い、ガステーブルの扱い、お風呂の取り扱い、たばこの扱いなど。

どんな「乾燥対策」があるかな？
→加湿器をつける、タオルや洗濯物を室内に干す。水を入れたコップをおいておく。きりふきで水をまく。床を水拭きする。植物をおく。

「ケア」というのは？
→世話をすること。また、まわりに気を配ること。

板書例

晩　節　燥　つか　さく　ア

小学校（小学部）高学年の黒板

十一月十五日（月）　日ちょく　○○

朝□と日中の気温差が大きいので服装で上手に調□しましょう。最近は空気が乾□してきたと感じることはありませんか？火の取りあ○○いに注意が必要ですし、乾燥対○○も欠かせません。のどやお肌のケ○をしっかりと行いましょう。

「調節」
→物ごとをぐあいよくととのえること。

「火の取り扱い」
→ストーブの扱い、ガステーブルの扱い、お風呂の取り扱い、たばこの扱いなど。

「乾燥対策」
→加湿器をつける、タオルや洗濯物を室内に干す。水を入れたコップをおいておく。きりふきで水をまく。床を水拭きする。植物をおく。

「ケア」
→世話をすること。また、まわりに気を配ること。

考えさせることができる内容⑭

十一月二十六日（金）　晴れ　最高気温　十七度

天気予報
今日も気持ちの良い青空が広がります。空気が乾燥するので、火の取り扱いに要注意。昼間も風が冷たく、夕方からは一段と冷え込みます。暖かい服装が必須です。

扱うことばの例
- 乾燥
- 火の取り扱い
- 一段
- 暖かい服装

十一月の天気予報（話のやりとり例）

「冷え込む」というのは？
→急に気温が下がる。
「火の取り扱い」を使って、文を作ってみよう。
→山では、火の取り扱いに十分気を付けましょう。
「一段」というのは？
→いっそう（副詞）
「一段」を使って、文を作ってみよう。
→年ごろになっていちだんときれいになった。
「暖かい服装」とはどんな服装かな？
→ダウンジャケット、ロングコート、ハイネックのセーター、毛糸のセーターなど

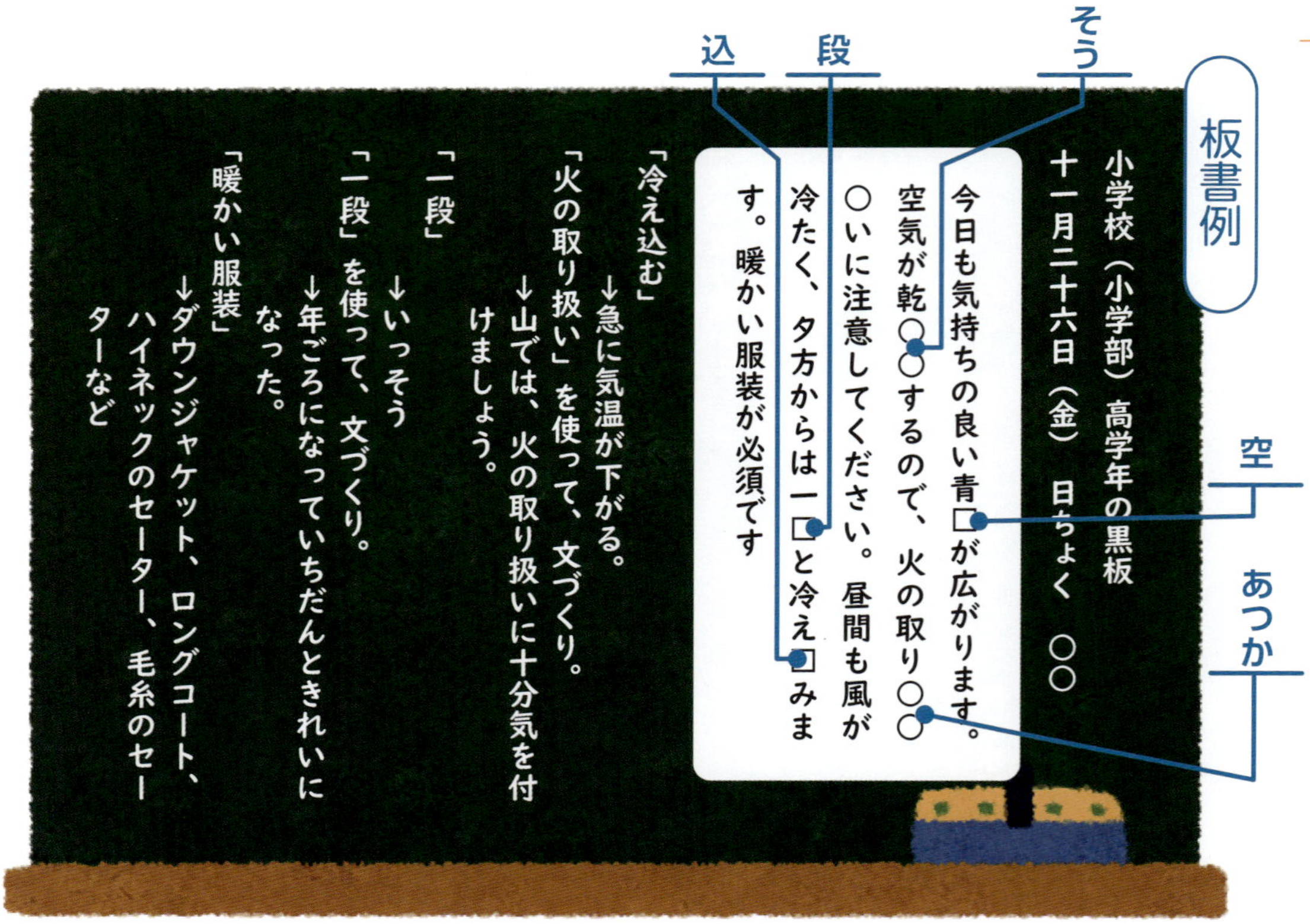
板書例
小学校（小学部）高学年の黒板
十一月二十六日（金）　日ちょく　〇〇
今日も気持ちの良い青□が広がります。空気が乾〇〇するので、火の取り〇〇〇いに注意してください。昼間も風が冷たく、夕方からは一□と冷え□みます。暖かい服装が必須です。
「冷え込む」
→急に気温が下がる。
「火の取り扱い」を使って、文づくり。
→山では、火の取り扱いに十分気を付けましょう。
「一段」
→いっそう
「一段」を使って、文づくり。
→年ごろになっていちだんときれいになった。
「暖かい服装」
→ダウンジャケット、ロングコート、ハイネックのセーター、毛糸のセーターなど
込
段
そう
空
あつか

考えさせることができる内容⑮

十二月二十一日（火）　晴れ　　最高気温　十五度

天気予報
今日は日差しが届いて穏やかな空。早めの大掃除も捗りそうです。空気が乾燥しているので、火の取り扱いにはご用心。昼間は日差しの温もりを感じられそうです。

扱うことばの例

- 穏やかな
- はかどる
- 火の取り扱い
- 用心
- 温もり

十二月の天気予報（話のやりとり例）

「穏やか」というのは？
　→何ごともなくしずかなようす。
「はかどる」というのは？
　→仕事がどんどん進む。
「用心」というのは？
　→気をつけること。注意。
「用心」を使って、文を作ってみよう。
　→かぜに用心する。火の用心。
「温もり」というのは？
　→あたたかさ。ぬくみ。

板書例

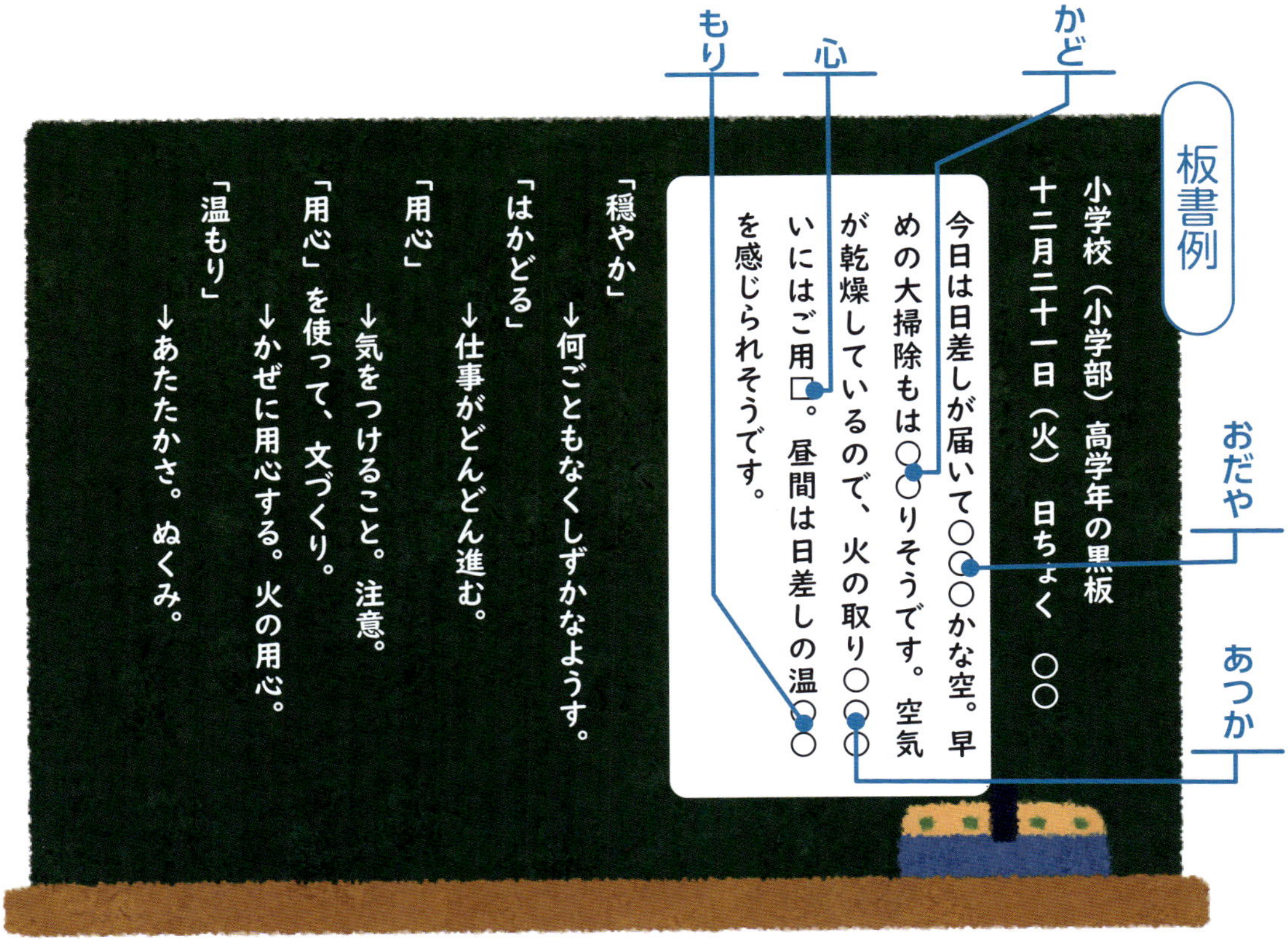

小学校（小学部）高学年の黒板
十二月二十一日（火）　日ちょく　○○
今日は日差しが届いて○○○かな空。早めの大掃除もは○○りそうです。空気が乾燥しているので、火の取り○○いにはご用□。昼間は日差しの温○○を感じられそうです。
おだや
かど
あつか
心
もり
「穏やか」
→何ごともなくしずかなようす。
「はかどる」
→仕事がどんどん進む。
「用心」
→気をつけること。注意。
「用心」を使って、文づくり。
→かぜに用心する。火の用心。
「温もり」
→あたたかさ。ぬくみ。

最後に

みなさんは、これまで、天気予報を、お天気を知るために見てきたのではないでしょうか。

考えてみますと、小さい頃から、天気予報を見るのが目的ではなく、ニュースを見ていたら、天気予報もやっていた。番組と番組の間に天気予報がやっていたということが多かったのではないでしょうか。

このような、主役とは言えないかもしれない天気予報ですが、お天気キャスターの話す話をよく聞いてみると、そこには、生活に密着した、たくさんのことばが出てくることに気が付きます。

日本には四季があり、季節に合ったことばが多く、天気予報の中でたくさんの季節にちなんだ話がされます。

出てくることばには、生活言語と学習言語がたくさんあり、学校の教科学習を学ぶ際の土台となることばばかりです。

日々の何分間か、その日の天気予報に出てきたことばを、教室や家庭で扱うことによって、子供たちのことばの力が育っていく可能性が大いにあると思われます。

1年365日の約半分、180回扱ったとしても、例えば小学校6年間では、1,080回のことばの獲得のチャンスをつくるということになります。

まずは、時々でいいので、このお天気メソッド、やってみてはいかがでしょうか。

山本　晃

筆者の紹介

京都府城陽市立西城陽中学校講師（国語科）、愛知県立聾学校の国語科・小学部教諭を経て、平成８年度より筑波大学附属聾学校小学部の教諭になる。平成 24 年度より筑波大学附属聴覚特別支援学校教務主任として勤め、平成 29 年度より、国立特別支援教育総合研究所総括研究員となる。令和３年度より、同研究所情報・支援部長兼上席総括研究員となり、現在に至る。

このほか、平成 16 年度より、筑波大学心理・発達教育相談室非常勤相談員となり、現在は関東学院大学教育学部非常勤講師、公立大学法人下関市立大学特別専攻科非常勤講師も務めている、

平成 26 年１月には、文部科学大臣優秀教職員表彰（文部科学省）も受賞している。

また、お天気メソッドの実践については、平成 27 年１月（再放送　平成 28 年１月）に、NHK　Eテレ『ろうを生きる難聴を生きる』「どう育む？日本語力～表現力を高める」で紹介がされた。

本書は株式会社ウェザーニューズの気象情報文を教材として使用しています。

日々のわずかな時間で子供のことばの力を育てる

学校や家庭でカンタンに実践できるお天気メソッド

2024年9月3日　初版第1刷発行

著　　者　山本　晃
発 行 者　加藤 勝博
発 行 所　株式会社 ジアース教育新社
〒101-0054
東京都千代田区神田錦町1-23 宗保第2ビル
T e l：03-5282-7183
F ax：03-5282-7892
E-mail：info@kyoikushinsha.co.jp
URL：https://www.kyoikushinsha.co.jp/

デザイン・DTP　株式会社 彩流工房　Printed in Japan
印刷・製本　シナノ印刷 株式会社
○定価は表紙に表示してあります。
○落丁本・乱丁本はお取替えいたします。
ISBN978-4-86371-700-8